GÜTERS DIE
LOHER VISION
VERLAGS EINER
HAUS NEUEN WELT

Notker Wolf
unter Mitarbeit von Alfons Kifmann

Gute Vorsätze

Beim nächsten Mal
wird alles anders

GÜTERSDIE
LOHERVISION
VERLAGSEINER
HAUSNEUENWELT

INHALT

Verehrte Leserin, verehrter Leser!

Während ich diese Zeilen schreibe, sitze ich in einer Eremitage des Kamaldulenser-Klosters Big Sur in Kalifornien. Ich hätte Sie, liebe Leserinnen und Leser, gern dabei. Die Kamaldulenser sind ein Zweig der Benediktiner, die den Rückzug in die Einsamkeit mit dem Leben in Gemeinschaft verbinden. Die Abendsonne scheint im kleinen Vorgarten und lässt die Blumen und kleinen Sträucher aufleuchten, während draußen mein Blick auf den Pazifik geht, der von Nebel bedeckt ist.

Es ist der rechte Ort, über sein Leben nachzudenken, und schon geht der Blick nach einiger Zeit nicht mehr rückwärts, sondern nach vorne. Wie soll es mit meinem Leben weitergehen? Ich habe jetzt 77 Jahre hinter mir. Wo bin ich angelangt, wie will ich mein Leben gestalten? Ich überlege mir Ziele und lande bei guten Vorsätzen. Ich bin nicht der Einzige. Viele, die hierherkommen, gehen von hier mit guten Vorsätzen wieder weg. Aber was bringen die guten Vorsätze? Darüber möchte ich mich gerne mit Ihnen unterhalten. Denn Ihnen ergeht es bestimmt ähnlich wie mir. Wir könnten genauso gut am Ammersee auf einer Bank sitzen oder sonst wo am Ufer. Seen oder das Meer eignen sich besonders gut fürs Nachdenken und ein langes Gespräch.

Ich habe in meinem Leben schon viele gute Vorsätze gehabt, aber haben sie geholfen? Bin ich weitergekommen, oder bin ich nicht doch der Alte geblieben? Hat

es Sinn, jetzt noch neue Vorsätze zu fassen? Der Weg
zur Hölle ist mit guten Vorsätzen gepflastert, und wir
erleben mit den guten Vorsätzen eher eine Niederlage
nach der anderen.

Manche meinen, ich solle mich mal endlich zur Ruhe
setzen, den Ruhestand genießen. Aber ich war immer
ein Unternehmertyp und werde es bleiben, auch im
Kloster. Demnächst muss ich zum Dialog mit schii-
tischen Muslimen nach Kenia fliegen. Es gibt dort
erstaunlich viele Schiiten, sodass wir unsere bene-
diktinische Begegnung diesmal nicht im Iran abhalten, sondern in Kenia, in unserem Benediktinerkloster
Tigoni bei Nairobi. Was habe ich jetzt da als Reiselek-
türe mitgenommen? Ein Lehrbuch für Kiswahili, um
meine Kenntnisse wieder aufzufrischen und um leichter Kontakt zu den Menschen vor Ort zu bekommen.
Bei den langen Flügen ergibt sich dazu immer eine gute
Gelegenheit. Aber ich fasse den Vorsatz, regelmäßig
einzelne Kapitel durchzugehen, jeden Tag etwas, nicht
zu viel, sonst übermüde ich.

Gute Vorsätze kennen ein klares Ziel, eine konkrete
Strategie. Es kommt auf Regelmäßigkeit an, nicht
auf Überforderung. Manche Ziele verlangen Härte
und einen Bruch mit Gewohnheiten. Aber schlechte
Gewohnheiten erfordern eine Umgewöhnung. Dazu
bedarf es zugkräftiger Neuausrichtungen.

Ich habe soeben das Schreiben unterbrochen, um einen
weiteren Vorsatz umzusetzen. Ich habe zur Querflöte
gegriffen. Ich möchte endlich die h-moll-Suite von J. S.
Bach im richtigen Tempo spielen können. Bisher fehlte

mir immer die Zeit, und ich möchte noch andere Stücke einüben, die mir immer schon am Herzen lagen. Dazu bedarf es auch der Ton-Studien und der Etüden. Ob es mir gelingt? Denn noch fehlt mir die Zeit für die regelmäßige Ausübung. Kennen Sie das? Es fehlt an Zeit für Regelmäßigkeit. Oder täuschen wir uns? Planen wir nicht gut genug?

Aber nun möchte ich nicht alles vorwegnehmen. Es hat sowieso gerade die Glocke zum Abendgebet geläutet. Versuchen wir das Thema der guten Vorsätze von verschiedenen Seiten anzugehen.

Ihr
Notker Wolf OSB

ES GEHT UM ERKENNTNISGEWINN

Lassen Sie uns gemeinsam über ein Phänomen nachdenken, das Sie und mich immer wieder umtreibt:

Es ist das Phänomen der flüchtigen guten Vorsätze.

Lassen Sie uns reflektieren über die vielfältigen Gründe, warum uns auch die besten Vorsätze, vor allem die, welche wir ganz rational gefasst haben, über kurz oder lang wieder entgleiten.

Lassen Sie uns darüber nachdenken, wie wir sinnvoll damit umgehen können, wenn wir an unseren Vorsätzen scheitern. Oder wie wir neu anfangen, an unseren Vorsätzen zu wachsen.

Mir ergeht es ebenso. Ich fasse Vorsätze und stelle nach einiger Zeit fest: Ich bin doch derselbe geblieben. Meine Schwächen, die ich loswerden oder zumindest bekämpfen wollte, sind nicht verschwunden, sie sind noch da.

Wie gehe ich, wie gehen Sie mit dieser Erkenntnis um?

Erkenntnis, ja, es geht um Erkenntnis. Um Erkenntnis über uns selbst. Denn unsere Vorsätze sagen bereits viel über uns aus. Sie sind der Spiegel, uns selbst ehrlicher zu betrachten. Wir können sie nicht so einfach überlisten. Sie reflektieren unser Leben.

Der Sinn dieses Buches liegt darin, uns selbst besser kennen zu lernen, ganz ungeschminkt. Gute Vorsätze, in ihrer ganzen Individualität und Komplexität, können uns dabei helfen.

Wenn Sie sich auf dieses Abenteuer einlassen, werden Sie sich vielleicht neu entdecken.

ERSTER VORSATZ:
GEDULD STATT AKTIONISMUS

Gute Vorsätze halten oft ein Leben lang. Beispielsweise: Ich will gesund leben. Oder: Ich will stets dazulernen, offenbleiben. Damit lassen sich ganzheitliche Lebenskonzepte beschreiben, die vor allem eines beinhalten: Geduld mit sich selbst. Und Toleranz mit anderen, die ein anderes Lebenskonzept verfolgen.

In einer schnell- und kurzlebigen Zeit verwechseln viele allerdings gute Vorsätze mit kurzfristigem Aktionismus: Ich will ein bestimmtes Ziel – beispielsweise zehn Kilo abnehmen – in möglichst kurzer Zeit, in drei Monaten, erreichen.

Mit solchen Leistungszielen überfordern wir uns häufig und scheitern letztlich; wir überfrachten die eigentlich löblichen nachhaltig guten Vorsätze mit falscher Hektik.

Damit begeben wir uns mehr oder weniger freiwillig in ein Hamsterrad. Wir lassen uns von den eigenen Vorsätzen vor uns hertreiben.

Der Dichter Wilhelm Raabe (1831-1910) hat dieses selbst auferlegte Problem so beschrieben:

»Der schwierigste Weg, den der Mensch zurückzulegen hat, ist der zwischen Vorsatz und Ausführung.«

Gewiss, es ist sinnvoll, sich auch bei seinen Vorsätzen zwischendurch zu hinterfragen und quasi eine Zwischenbilanz zu ziehen:

»Was ist mir im vergangenen Jahr gelungen? Habe ich nach meinen Vorsätzen gelebt?«

Das sind typische Fragen, die wir uns bevorzugt in den lichtarmen Monaten Dezember und Januar stellen, die nur durch den weihnachtlichen Lichterzauber aufgehellt werden.

Dann hat eine Branche Hochkonjunktur, nennen wir sie einmal »Gewissenswürmer«.

Die Gewissenswürmer erinnern uns beispielsweise daran, dass wir vor einem Jahr eigentlich mit dem Rauchen aufhören wollten, und empfehlen uns alternativ eine Pflastertherapie, um unseren Vorsatz endlich umzusetzen.

Oder sie locken uns mit zeitlich begrenzten Sonderangeboten in Fitness-Studios, um diese lästigen, überflüssigen Pfunde jetzt loszuwerden und insgesamt geschmeidiger, muskulöser und begehrenswerter zu werden.

Ebenso geschickt wird in Spots an die defizitäre Bildung vieler appelliert, die jetzt endlich durch die Teilnahme an Fernlehrangeboten ausgeglichen werden könne, damit wir auch beruflich weiterkommen.

Die Bank schreibt mir am Jahresende und fragt mich: »Was ist aus Ihren Plänen für 2017 geworden?« Sie empfiehlt mir freundlich, »Schluss zu machen mit der Aufschieberitis«. Ein BestCredit wird mir angeboten, damit sich meine Pläne endlich erfüllen.

Es sind diese vier wohl häufigsten Kategorien von immer wiederkehrenden Vorsätzen – weniger Nikotin und Pfunde und mehr Bildung und Wissen –, in denen wir durch Werbung am meisten motiviert werden sollen. Daran kann zunächst auch ein Schelm nichts finden, obwohl wir gerade hier die meisten abgebrochenen und hinausgeschobenen Vorsätze finden. Ich selbst als passionierter Pfeifenraucher, der sich allabends auf sein Ritual freut, tauge hier nicht zum Moralapostel, schon weil meine Vorsätze, mit dem Rauchen aufzuhören, nie besonders stark waren.

In unserem Leben gibt es nämlich außer den bereits genannten vordergründigen Vorsätzen noch zahllose hintergründige, die unseren inneren Menschen beeinflussen, unser seelisches Wohlbefinden, unseren Einklang mit Gott und der Schöpfung.

Darum geht es in diesem Buch. Sie müssen keine Idealfigur haben, um glücklich zu sein. Die wirkliche Kraft der guten Vorsätze liegt nach meiner Überzeugung darin, zu reflektieren und herauszufinden, was gut und richtig oder schädlich für uns persönlich und für uns alle ist, und dadurch frei zu werden für das Leben, für das wir geschaffen sind. Und niemals an Gottes Barmherzigkeit zu zweifeln.

Dazu schenkt uns Gott jeden Tag eine neue Chance,
wie es Rainer Maria Rilke gesagt hat:

»Jeder Tag soll und muss einen Sinn haben,
und erhalten soll er ihn nicht vom Zufall,
sondern von mir.«

Sprüche über gute Vorsätze (1):

»Neujahrsvorsätze sind Startschüsse für
Rennen, die ohnehin nicht stattfinden.«

KEIN PERFEKTIONISMUS, ABER GESUNDER EHRGEIZ DARF SEIN

Niemand ist perfekt. Man sollte dem Volk ruhig öfter aufs Maul schauen und von seinen überkommenen Gewohnheiten lernen, wie es auch Martin Luther getan hat. Dann könnte man beispielsweise viel gelassener umgehen mit einem weit verbreiteten Phänomen unserer Zeit: dem Perfektionismus.

Vorab: Das Streben nach Perfektion ist an sich nichts Schlechtes. Perfektionismus und Ehrgeiz sind nur dann gefährlich, sowohl für uns selbst als auch für die Mitmenschen, wenn wir unsere Selbstachtung und unser Selbstwertgefühl vom Erfolg abhängig machen.

Perfektionisten lenken ihre Aufmerksamkeit oft darauf, Fehler und Schwächen bei sich und anderen zu entdecken. Sie sind deshalb auch in ständiger Furcht, Fehler zu machen und zu versagen, haben gleichermaßen Angst vor Ablehnung wie auch vor Erfolg, weil sie nie zufrieden sind mit dem, was sie erreicht haben.

Angst vor Fehlern kann lähmen

Diese Menschen tun sich nicht nur sehr schwer im Leben, sondern ihr Perfektionsanspruch ist auch ein sicheres Mittel, um auf Dauer unglücklich zu sein, da sie letztendlich immer wieder daran scheitern werden. Absolute Perfektion gibt es ohnehin nicht, da sie stets von subjektiven Beurteilungen anderer und von äußeren Einflüssen abhängig ist. Zudem wird ein Perfektionist nie mit sich zufrieden sein, weil er immer das Gefühl hat, er hätte es noch besser machen können. Hinzu kommt, dass er sich ständig mit anderen Menschen vergleicht. Doch dabei genügt es ihm nicht, genauso gut zu sein, sondern er möchte besser sein als andere.

Ein Kampf, der nicht zu gewinnen ist

Diese fixe Idee mündet in einen dauernden Wettkampf, den der Perfektionist nicht gewinnen kann. Denn er wird schnell feststellen müssen, dass es immer jemanden gibt, der etwas besser kann als er selbst. Und so empfindet ein Perfektionist die Tatsache, dass er nicht immer und in jedem Bereich der Beste ist und dass es immer möglich sein wird, etwas noch zu verbessern, schnell als ein persönliches Scheitern und Versagen. Am Ende steht nicht selten der Burn-out.

Mit diesen Symptomen meine ich weniger das Berufsleben, in dem Perfektionismus häufig im Sinne fehlerfreier Arbeit gefordert und unerlässlich ist, beispielsweise im medizinischen Bereich, wo kleinste Ungenauigkeiten weitreichende Folgen haben können.

Ich spreche vom privaten Leben. Dort macht sich, wie ich beobachte, immer penetranter ein Trieb bemerkbar, der nicht zu den menschlichen Urtrieben wie Nahrung, Sexualität und Besitzstreben zählt. Der Perfektionstrieb. Er ist auch nicht unbedingt nützlich und lebens- oder arterhaltend, sondern eher schädlich und selbstzerstörerisch. Manchmal kann er sogar einfach peinlich sein.

»Keiner kann aus seiner Haut heraus«, hört man auch immer wieder vor allem dann, wenn etwas mit uns schiefgegangen ist. Ist das wirklich so? Das impliziert ja, dass man irgendwann in diese Haut geschlüpft ist. Wir werden gewiss nicht geboren mit der einen oder anderen Eigenart. Wir können sie aber im Lauf unseres Lebens erwerben, mit guten wie auch schlechten Auswirkungen.

Jedoch sind wir von Natur aus mit bestimmten äußeren Merkmalen versehen, die unsere Identität mitprägen. Diese Merkmale richten sich nicht nach dem Zeitgeist oder Mainstream. Sie sind, wie sie sind. Teil unseres Selbst: kleiner oder größer, dicker oder dünner, blonder oder dunkler. Mit blauen oder braunen Augen, langen oder stupsigen Nasen.

Manchen gefällt es einfach nicht, so wie sie aussehen. Sie betrachten sich im Spiegel und stellen fest, dass sie nicht so aussehen, wie das zeitgeistige Ideal es vorgibt. Dies beeinträchtigt ihr Selbstwertgefühl, sie sind unglücklich und beschließen, dem Zeitgeist mit dem Doppelnamen »Konformismus und Perfektionismus« nachzugeben. Mit oft fatalen Folgen für ihre Persönlichkeit und ihre Entwicklung.

Eine der Branchen mit dem größten Wachstum in unserer Gesellschaft ist die Schönheitschirurgie. In den USA heißt sie drastischer und ehrlicher »Body Modification«, Körperveränderung. Die »Patienten«

lassen sich für viel Geld, weil die Krankenkassen gerechterweise in der Regel dafür nicht aufkommen, mit Spritzen, Skalpell und Chemie »behandeln«. Derzeit sind, wenn ich der Werbung folge, verlängerte Wimpern besonders in Mode. Am Ende soll ein veränderter Mensch stehen, der mit einem besseren Selbstwertgefühl ein neues Leben beginnen kann.

Was für eine Perversion! Welche Selbsterniedrigung! Gott hat uns als Persönlichkeiten geschaffen und mit vielen Talenten ausgestattet. Wir pfuschen ihm buchstäblich ins Handwerk, versuchen, einen anderen Menschen aus uns zu machen. Wir zerstören ein Original und schaffen einen Kunstmenschen, einen Klon.

In der Regel sind diese Modifikationen sinnlos, weil sie keinen neuen Menschen hervorbringen, bestenfalls eine veränderte Identität, eine Art Schizophrenie. Wir sind nicht mehr wir selbst, und wenn die beste Freundin sagt: »Du bist ja kaum wiederzuerkennen«, dann meint sie es meist ehrlich.

Diese Form von Perfektionismus erwähne ich deshalb, weil sie trotz alledem die vielleicht ehrlichste ist. Denn viele andere Formen von Perfektionismus können uns richtiggehend terrorisieren. Wie die Sucht, stets an der Spitze der Bewegung sein zu wollen, immer mit der neuesten Ausstattung an Handys, Computern und vor allem Autos. Das hat zwar viel mit unserem Spieltrieb zu tun, mehr aber noch mit der Eitelkeit, anderen zu zeigen: Ich bin dir überlegen, du hast noch nicht das, was ich habe.

Nun ist der ganz private Perfektionismus – Psychologen bezeichnen ihn als eine Form von Autismus – eher ein persönliches Drama. Wird er jedoch im beruflichen oder öffentlichen Bereich ausgelebt, kann er auch in Missbrauch ausarten. Er kann hart und unmenschlich machen.

Ein Mitarbeiter in einem deutschen Weltkonzern erzählte mir von seinem Direktor, der jede Vorlage, die über ihn an den Vorstand des Unternehmens weitergeleitet wurde, von vier weiteren Mitarbeitern unabhängig voneinander auf Fehler gegenlesen ließ. Vom Zeitaufwand abgesehen, entmündigte und demütigte er damit seine Mitarbeiter, zeigte, dass er kein Vertrauen in deren Arbeit hatte.

Als einmal eine Vorstandsrede, auf Büttenpapier bereits gedruckt, noch einen Kommafehler aufwies, ließ der Direktor die Auflage wieder einstampfen und maßregelte den Mitarbeiter, der den Druck freigegeben hatte, vor Kollegen und legte ihm die Kündigung nahe. Dieser hat sie auch angenommen, weil er keinen Sinn mehr darin erkannte, auf diese Art für Fehler verantwortlich gemacht zu werden. Als Mönch hält man es für kaum möglich, was alles an Unsinn in Unternehmen geschieht.

Trost spenden können den unter ihrem Perfektionismus leidenden Menschen vielleicht die lebensklugen Worte des englischen Pastors Charles Haddon Spurgeon:

»Wenn du auf eine vollkommene Gemeinde wartest, musst du warten, bis du in den Himmel kommst; und wenn du doch eine vollkommene Gemeinschaft auf der Erde finden könntest, würde sie dich sicherlich nicht in ihrer Mitte aufnehmen, denn du selbst bist nicht vollkommen.«

Befreiung aus dem inneren Gefängnis

Perfektionisten aus ihrem inneren Gefängnis zu befreien, dessen Gitterstäbe aus Furcht und Erstarrung bestehen, ist selbst für Psychotherapeuten keine leichte Aufgabe. Ich empfehle ein tägliches Morgengebet über einen längeren Zeitraum:

»Gott, unser Vater, du liebst mich so, wie ich bin, und nicht als der, der ich sein möchte. Hilf mir bitte, im Glauben an deinen Sohn zu erkennen, dass ich ein fehlbarer Mensch bin, und in dem Vertrauen, dass du mich mit all meinen Schwächen annimmst und verstehst.«

Mit solchen geistlichen Übungen befreien wir uns mehr und mehr aus der isolierenden Gefangenschaft des Perfektionismus und lassen die Maske fallen, hinter der wir uns oft verstecken.

Nichts soll uns davon abhalten, einen gesunden Ehrgeiz in unserem Leben zu entwickeln. Damit meine ich vor allem, die jedem innewohnenden Talente nicht einfach schlummern zu lassen, sondern herauszufordern und mit Leben zu erfüllen.

Ein guter Vorsatz wird also sein: Erkennen Sie Ihre Talente und entfalten Sie sie. Entdecken Sie neue Möglichkeiten in sich.

Sprüche über gute Vorsätze (2):

»Es sind keine echten Meister, die alles und alle meistern wollen.«

Die größte Crux bei der Betrachtung der guten Vorsätze ist, jedenfalls für die meisten von uns, deren konsequente Umsetzung. Warum scheitern wir oft und immer wieder damit, Vorsätze über längere Zeit durchzuhalten?

Sie fragen sich dann: Warum habe ich versagt? Sie machen sich vielleicht zerknirscht Vorwürfe und resignieren, werden im schlimmsten Fall mutlos.

Stattdessen wären diese Fragen vielleicht zielführender: Waren meine Vorsätze richtig gewählt? Waren sie in meiner Lebensphase realistisch und angemessen? War meine Motivation, dieses Ziel zu erreichen, auch stark genug?

Aus eigener Lebenserfahrung, aus den Reflexionen im vorhergehenden Kapitel zum falschen Perfektionsstreben, kann ich diesen Zweifeln nur beruhigend zufügen: Wir haben keinen Grund, die Flinte ins Korn zu werfen und aufzugeben.

Fragen wir uns eher: War ich zu ehrgeizig? Überkonzentration auf ein Ziel kann auch zerstören. Und: Was verdrängt wird – und das kann auch ein falscher Vorsatz auslösen –, kommt bestimmt zurück. Also kein Grund zu resignieren.

Manchmal kann ein falscher Vorsatz nicht nur auf Sie selbst zurückfallen, sondern dem Zusammenleben mit den Mitmenschen sogar im Wege stehen.

Dabei erinnere ich mich an eine kleine Insidergeschichte aus unserem Klosterleben: Mein Vor-Vorgänger im Amt des Erzabtes, Suso Brechter, liebte seine abendliche Entspannungszigarre und wollte gerade deshalb in der Fastenzeit bewusst 40 Tage lang auf diesen Genuss verzichten.

Als wir, seine Mitbrüder, nach einigen Tagen Rauchverzicht spürten, dass unser Erzabt immer nervöser und reizbarer wurde, versuchte ein mitfühlender Bruder die Situation dadurch zu entspannen, dass er in einem Gespräch ganz nebenbei erwähnte, dass ihm der typische Duft der Hausmarke von Erzabt Suso irgendwie fehle.

Erzabt Suso, der gewiss ein regelstrenger Oberer war, nahm sich diesen Hinweis so zu Herzen, dass er sein Rauchfasten unterbrach. Das wiederum empfanden wir als ausgesprochen menschliche Geste.

Nicht ganz ernst gemeinter Vorsatz Nr. 1:

»Ich werde keine Zeit mehr darauf verschwenden, in der Vergangenheit zu schwelgen. Stattdessen mache ich mir ab jetzt Sorgen um die Zukunft.«

Umkehren, aber in die richtige Richtung

»*Kehrt um*«, ruft uns Johannes der Täufer, der Prediger in der Wüste zu (gemeint ist die Wüste unseres eigenen Lebens). Wir erschrecken über die Radikalität seiner befehlsmäßig erscheinenden Forderung und sind zunächst ratlos. Wohin sollen wir umkehren? Sofort, in die entgegengesetzte Richtung? Treffen wir da nicht wieder auf uns selbst?

Umkehren bedeutet zunächst einmal: die Richtung ändern. Uns befreien von einem Irrweg, auf dem wir, schon fast zwanghaft, unterwegs sind. Umkehren bedeutet, unsere Fehlhaltungen zu korrigieren, damit wir wieder aufatmen und mit Freude und Hoffnung weiterleben können.

Das wird in der Regel nicht mit einem radikalen Richtungswechsel gelingen, sondern am Anfang mit kleinen Schritten, die dann immer größer werden.

Damit sind wir wieder bei unseren Vorsätzen.

Denn die sagen uns ja auch: Wir müssen etwas verändern. Zurückfinden auf einen Weg, auf dem wir doch schon einmal waren. Bevor wir so viel Überflüssiges angesammelt haben, dass wir jetzt darin zu ersticken drohen.

Seelsorger sind täglich mit Menschen im Gespräch, die umkehren wollen, aber noch nicht wissen, wie, in welche Richtung. Deren Leidensdruck ist oft tief in ihrer Seele zu finden. Im Beichtgespräch können Seelsorger dann häufig seelische Verwundungen entdecken und spirituelle Hinweise geben.

Seelsorger beanspruchen kein Monopol auf die Betreuung oder gar Heilung von Krankheiten der Seele, aber sie können gemeinsam mit Psychotherapeuten an der Heilung dieser Menschen mitwirken. Unterschiedlich mögen vielleicht die methodischen Ansätze sein: Sie sehen im verwundeten, kranken Menschen stets und vor allem auch ein Abbild Gottes, weniger einen Patienten. Und sie bemühen sich deshalb mehr um die Ursachenforschung, und weniger um die Therapie. Das wiederum soll die Aufgabe von psychologisch geschultem Fachpersonal bleiben.

Sie wissen jedoch auch: In jedem von uns wirken heilende Kräfte. Ihre Hilfe für seelisch kranke Menschen konzentriert sich in der Seelsorge oft darauf, die verbliebenen, eigenen seelischen Heilungskräfte zu wecken. Damit folgen sie der uralten Erkenntnis, nach der in jedem Menschen zerstörerische Kräfte wirken, aber auch heilende.

Die Bibel erzählt uns zu diesen Phänomenen zahlreiche Beispiele. Jesus hat als Heiler, in der Bildersprache des Neuen Testaments formuliert, bei vielen Menschen böse Geister ausgetrieben. Die bösen Geister stehen hier beispielhaft auch für die an der kranken Seele leidenden Menschen, die von den bösen Geistern »besessen« waren. Das heißt, sie waren selbst nicht mehr in der Lage, sich von ihrer Sucht, von ihrer Besessenheit zu befreien. Sie waren in sich gefangen. So ergeht es auch vielen von uns.

Wer suchtkranke Menschen kennt, sich mit ihrem Schicksal auseinandersetzt, weiß, welche fast unmenschlichen Kräfte es braucht, hier nachhaltig zu helfen. Die uns allen innewohnende, bekannte Macht der Gewohnheit steht oft als scheinbar unüberwindbare Mauer vor allen Bemühungen, loszukommen, sich zu befreien.

Entscheidend für den Erfolg aller Bemühungen ist dann, dass wir die Hoffnung nicht aufgeben. Hoffnung bedeutet im Umgang mit Suchtkranken, gleich welcher Sucht, auf Umkehr zu setzen, zumindest auf den ersten Schritt in die richtige Richtung. Das gilt gleichermaßen für alle Suchtleiden, ob Drogen, Alkohol, Nikotin, Spiele, Pornografie oder auch scheinbar Banales wie Geldgier oder Sammelleidenschaft.

Ein unerschöpfliches Feld für Vorsätze.

Nicht ganz ernst gemeinter Vorsatz Nr. 2:

»Ich werde den Notrufknopf im Krankenhaus nicht mehr dazu verwenden, um die Telefonnummer der hübschen Krankenschwester zu bekommen.«

Ein ebenso dramatisches wie radikales Beispiel von Umkehr lesen wir in der Apostelgeschichte (Apg 9, 1-20): die Wandlung des Saulus zum Paulus. Sie ist so spannend, dass wir sie hier nacherzählen:

Saulus führte weiterhin einen wütenden Kampf gegen die Jünger des Herrn. Er drohte ihnen mit dem Tod und war entschlossen, die Gemeinde auszurotten. Auch in Damaskus wollte er die Anhänger der neuen Lehre aufspüren, um sie alle – Männer wie Frauen – in Ketten nach Jerusalem zu bringen. Zu diesem Zweck wandte er sich an den Hohepriester und bat ihn um Briefe mit einer entsprechenden Bevollmächtigung, die er den Synagogen in Damaskus vorlegen wollte.

Als er nun nach Damaskus unterwegs war und die Stadt schon fast erreicht hatte, leuchtete plötzlich vom Himmel her ein Licht auf. Von allen Seiten umgab ihn ein solcher Glanz, dass er geblendet zu Boden stürzte. Gleichzeitig hörte er, wie eine Stimme zu ihm sagte: »Saul, Saul, warum verfolgst du mich?«

*»Wer bist du, Herr?«, fragte Saulus. Die Stimme antwortete: »Ich bin der, den du verfolgst; ich bin Jesus.« Die mit Saulus reisten, standen sprachlos vor Bestürzung dabei; sie hörten zwar die Stimme, sahen aber niemand*en.

Saulus richtete sich vom Boden auf und öffnete die Augen, aber er konnte nichts sehen. Seine Begleiter mussten ihn bei der Hand nehmen und nach Damaskus führen.
Drei Tage lang war er blind, und er aß nichts und trank nichts.

In Damaskus lebte ein Jünger Jesu namens Hananias. Zu ihm sagte der Herr in einer Vision: »Hananias!« – »Ja, Herr?«, erwiderte Hananias.

»Geh in die Gerade Straße«, befahl ihm der Herr, »und frage im Haus des Judas nach einem Saulus aus Tarsus. Du musst Folgendes wissen: Saulus betet, und in einer Vision hat er gesehen, wie ein Mann namens Hananias in sein Zimmer tritt und ihm die Hände auflegt, damit er wieder sehen kann.«

»Herr«, entgegnete Hananias, »von den verschiedensten Seiten habe ich erfahren, wie viel schreckliche Dinge dieser Mann in Jerusalem denen angetan hat, die zu deiner Gemeinde gehören. Außerdem ist er von den führenden Priestern dazu ermächtigt, hier in Damaskus alle zu verhaften, die sich zu deinem Namen bekennen.«

Aber der Herr sagte: »Geh trotzdem zu ihm! Denn gerade ihn habe ich mir als Werkzeug ausgewählt, damit er meinen Namen in aller Welt bekannt macht – bei den nichtjüdischen Völkern und ihren Herrschern ebenso wie bei den Israeliten.«

Da machte sich Hananias auf den Weg und ging in jenes Haus. Er legte Saulus die Hände auf und sagte: »Saul, mein Bruder! Der Herr selbst – Jesus, der dir auf deiner Reise hierher erschienen ist – hat mich geschickt. Er möchte, dass du wieder sehen kannst und mit dem Heiligen Geist erfüllt wirst.«

Im selben Augenblick war es, als würden Schuppen von Saulus' Augen fallen: Er konnte wieder sehen! Saulus stand auf und ließ sich taufen.
Und nachdem er etwas gegessen hatte, kehrten seine Kräfte zurück.

Von da an begann er auch schon, in den Synagogen der Stadt zu verkünden, dass Jesus der Sohn Gottes ist.

Der weitere Weg des Apostels Paulus, des ersten Missionars Jesu Christi, ist nicht nur durch seine Gemeindebriefe bekannt. Warum ich die Geschichte seiner Bekehrung in diesem Buch nacherzähle: weil Umkehr oft nicht aus eigener Kraft möglich ist, sondern auch Gottes Gnade bedarf.

VON DER WEISHEIT DER WÜSTENVÄTER

....

Im dritten und vierten Jahrhundert n. Chr. lebten in den Wüsten Ägyptens und Syriens zahlreiche Einsiedlermönche, die dort in der Askese Jesus auf radikale Weise nachfolgen wollten. Damit wollten sie auch die dunklen Mächte der Dämonen, die sie in der Einsamkeit vermuteten, in ihrem eigenen Reich besiegen, um das Licht Christi leuchten zu lassen. Sie folgten dem Leitbild des »secum esse«, des »Bei-sich-selber-Seins«. Ein Leitbild auch für das Grundthema unseres Buches, des Sich-selbst-Erkennens aus guten Vorsätzen.

Die Spiritualität dieser Mönche mag uns heute fremd erscheinen, obwohl sie an manchen Orten noch immer gelebt wird. Wenn wir aber die Worte, die sie hinterlassen haben, näher betrachten, entdecken wir eine Weisheit, die noch immer aktuell ist. Sie hilft uns, fern aller Theorie, über unser Leben zu reflektieren, uns selbst zu erkennen.

Das führt wieder zum Thema dieses Buches.

Die überlieferten Antworten der »Altväter«, wie viele Ratsuchende die Mönche nannten, wurden unter dem Namen »Apophthegmata patrum«, das heißt »Sprüche der Väter«, zusammengefasst.

Diese Worte sprechen uns auch heute noch direkt und persönlich an. Auch deshalb, weil sie nicht belehren, nicht moralisieren, sondern uns Wege der wahren Lebenskunst aufzeigen. Die Weisheit der Altväter konfrontiert uns durchaus mit den Abgründen der Seele. Sie zeigt uns aber auch, dass wir sie überwinden können, dass wir nicht ein Leben lang an unseren Verletzungen leiden müssen. Dass wir nicht nur Opfer unserer Erziehung oder der Gesellschaft sind. Sondern dass uns Gott die Kraft geschenkt hat, uns selbst zu überwinden und damit das Leben zu gewinnen.

Deshalb kann die Weisheit der Wüstenväter allen, die mit sich selbst, ihren Vorsätzen ringen, die Inspirationen geben, die uns Mut machen, die positive Kraft der Leidenschaften, die in uns steckt, zu nutzen, um damit Ängste, Ärger und Verletzungen zu überwinden.

Von der Einteilung der Arbeit heißt es in den Sprüchen der Väter beispielsweise:

»Mein Sohn, arbeite täglich nur so viel, als dein Körper, wenn du liegst, Raum einnimmt, und so wird deine Arbeit allmählich voranschreiten, und du wirst dabei nicht verzagt sein.
Als der Jüngling das gehört hatte, handelte er danach, und in kurzem war der Acker gereinigt und urbar gemacht. Mach auch du, Bruder, es ebenso, arbeite nach und nach, so wirst du den Mut nicht verlieren.«

In unsere Zeit übersetzt, ist dies ein deutlicher Hinweis darauf, wie wir dem viel zitierten *Burn-out* entgehen können, uns nicht überfordern, aber Schritt für Schritt »unseren Acker bestellen«. Das gilt sinnbildlich für alle Bereiche unseres Arbeitslebens. Jeder Tag hat seine Last, die wir Gott anvertrauen dürfen, und wenn wir jeden Tag nur einen kleinen Teil in uns selbst verändern, dann werden wir eines Tages neue Menschen sein.

Für die Prüfung der Gedanken empfehlen uns die Weisheitssprüche des Evagrius Ponticus, eines der am meisten überlieferten Wüstenväter:

»*Sei ein Türhüter deines Herzens und lass keinen Gedanken ohne Befragung herein. Befrage einen jeden Gedanken einzeln und sprich zu ihm: Bist du einer der unseren oder bist du unser Gegner? Und wenn er zum Hause gehört, wird er dich mit Frieden erfüllen. Wenn er aber des Feindes ist, wird er dich durch Zorn verwirren oder durch eine Begierde erregen.*«

Evagrius Ponticus will uns zur Wachsamkeit ermuntern, und dazu, nur die Gedanken in unser Herz einzulassen, die uns mit Frieden erfüllen. Denn dies sind Gottes Gedanken. Das Gegenteil sind die Gedanken, die uns besetzen und das Gute in uns verdrängen.

Ein weiterer Spruch, der zu unseren guten Vorsätzen passt und unser Leben gut versteht, stammt ebenfalls vom Altvater Evagrius Ponticus und handelt von der Klarheit des Herzens:

»*Solange der Mensch nur gegen seine Leidenschaften ankämpft, kann er nicht klar den Sinn seines Kämpfens erkennen, denn er gleicht einem Menschen, der im Dunkel der Nacht kämpft. Wer aber zur Klarheit des Herzens gefunden hat, kann die Absichten seines Gegners klar erkennen.*«

Ponticus' eigene praktische Lebenserfahrung lehrt uns hier, dass es vergebliche Liebesmüh ist, mit seinen Leidenschaften im ständigen Konflikt zu leben. Je mehr ich gegen meinen Neid, meine Eifersucht, meine Sexualität und meinen Zorn ankämpfe, desto mehr fixiere ich mich auf diese negativen Eigenschaften. Je mehr ich meine Kraft dafür einsetze, gegen diese Triebe zu kämpfen, desto weniger Energie bleibt mir für meine eigentlichen Aufgaben.

Manche Christen konzentrieren sich nur auf die Überwindung ihrer Sünden, führen also einen negativen Kampf, statt sich intensiver ihren positiven Fähigkeiten zuzuwenden, sich Gott anzuvertrauen und den Menschen zu dienen.

Wer also blind gegen seine Fehler anrennt, wird verlieren. Wer aber die dahinterstehenden Ursachen erkennt, kann sie in positive Energie umwandeln.

In den »Apophtegmata Patrum«, den kurz gefassten Sprüchen der Altväter, die ich sehr liebe, fand ich auch diesen:

»Das anhaltende Gebet verbessert in kurzem den Geist.«

Der Mönch will uns damit sagen: Das Gebet ist weniger eine Pflicht als ein Geschenk Gottes. Denn Gott bedarf unseres Lobes nicht. Es ist eine Gnade, ihn anzubeten. Das Gebet heilt und verwandelt uns. Wir sollten deshalb nicht gegen unsere Angst, unseren Ärger »anbeten«, sondern mit ihnen beten. Wenn wir unsere negativen Emotionen vor Gott hinhalten, verlieren sie bereits ihre Macht. So kann das Gebet unseren Geist reinigen.

Zu unserem Buchthema der guten Vorsätze fand ich noch diesen Spruch des Altvaters Poimen:

»*Wenn ein Mensch sündigt und es leugnet, indem er spricht:* ›*Ich habe nicht gesündigt*‹, *so verurteile ihn nicht. Andernfalls nimmst du ihm den Mut. Wenn du aber sagst:* ›*Sei nicht mutlos, Bruder, aber hüte dich in Zukunft!*‹, *dann erweckst du seine Seele zur Reue.*«

In diesem Väterspruch wird die christliche Tradition der Barmherzigkeit, des Verzeihens, deutlich. Statt zu verurteilen, richtet Poimen den Sünder wieder auf. Er überfordert ihn nicht, moralisiert nicht, sondern will ihn motivieren, über sich nachzudenken und dann sein Leben wieder in Ordnung zu bringen.

Sprüche über gute Vorsätze (3):

»*Wenn der Mensch sich etwas vornimmt, so ist ihm mehr möglich, als man glaubt – und Gott hilft im äußersten Elend.*«
Johann Heinrich Pestalozzi

40 Tage in der Wüste – eine Selbsterfahrung

Dass der Weg in die Wüste noch heute ein Weg zu sich selbst sein kann, hat Pater Andreas Knapp vom Orden der »Kleinen Brüder vom Evangelium« (einer Gemeinschaft, die sich auf den französischen Geistlichen Charles de Foucauld beruft, der sich vor allem der Seelsorge in den Armenvierteln der Städte widmete, er selbst lebt in der Diaspora von Leipzig) in seiner Selbsterfahrung im Buch »Lebensspuren im Sand« geschildert. Knapp zog sich für vierzig Tage in eine Einsiedelei in der südalgerischen Wüste zurück und führte dort ein spirituelles Tagebuch. Seine poetische Beschreibung dieser vierzig Tage:

»*Die Wüste bringt mich zum Schweigen und schafft Abstand von dem, was mich sonst bedrängt. Mein Herz beruhigt sich wie ein Gewässer, das nach dem Sturm wieder zur Ruhe kommt. Das Aufgewühlte kann absinken und ich sehe wieder klarer. Schweigen ist mehr als nur Abschalten. Im Schweigen lasse ich mich selbst los. Die Stille der Wüste sickert in mich ein. Ich spüre die Nichtigkeit, die Relativität, die Vergänglichkeit von allem. Es ist keine Totenstille, sondern eine Stille des Friedens. In dieser Stille höre ich mein eigenes Aufatmen.*«

Was Andreas Knapp aus dieser Wüstenerfahrung in den Alltag mitgenommen hat, ist täglich *une heure gratuite*, eine geschenkte Stunde: »*Das kann nur ein kleiner, aufmerksamer Spaziergang sein, bei dem ich versuche, ganz gegenwärtig zu sein. Ich höre auf die Geräusche der Umgebung und sehe, was mir am Wegrand begegnet. Ich bleibe stehen, rieche, lausche, atme bewusst einmal durch.* 35

In solchen geschenkten Augenblicken kann ich meinen All-
tag als den Ort erfahren, an dem Gott auf mich wartet.«

Nicht ganz ernst gemeinter Vorsatz Nr. 3:

»Wenn Sie sich für dieses Jahr mehr vor-
genommen haben – überstürzen Sie nichts
– übermorgen ist auch noch ein Jahr.«

BENEDIKT: ERKENNE DICH SELBST –
NICHTS IM ÜBERMASS

»Gnóthi seautón« – Erkenne dich selbst – und »Médén ágán« – Nichts im Übermaß. Diese Worte sollen, der Überlieferung nach im 6. Jahrhundert vor Christus, über dem Eingang zum Apollo-Tempel von Delphi in Stein gemeißelt worden sein. Es sind zwei Grundwerte der griechischen Philosophie.

Bei den jährlichen Exerzitientagen im November in meinem Heimatkloster Sankt Ottilien stelle ich diese Worte gern als Leitgedanken voran.

Denn diese »Apollonischen Weisheiten« finden sich auch in der Regel des heiligen Benedikt von Nursia, unseres Ordensgründers, wieder. Benedikt war ein universell gebildeter Mann, er kannte sowohl die antiken Philosophen als auch das Alte und Neue Testament, das Judentum und die Weisheit der persischen Religionsväter.

Benedikt sieht seine Regel nicht als niedergeschriebenen Willen Gottes, sondern als einen Weg, unser Leben, so gut es geht, nach Gottes Willen auszurichten. In der Antike war noch der Mensch das Maß aller Dinge. Mit Gott als der Mitte unseres Lebens will Benedikt der Welt einen neuen Maßstab geben, ohne uns, wie er schreibt, »Hartes oder Drückendes« aufzuerlegen, denn er kennt die Schwächen seiner Mitbrüder ebenso wie unsere.

Im Kapitel 49 seiner mehr als 1500 Jahre alten und doch heute noch erstaunlich aktuellen Ordensregel legt Benedikt uns die Mäßigung in allen Dingen ans Herz:

»Gehen wir also in diesen Tagen [der Fastenzeit] *über die gewohnte Pflicht unseres Dienstes hinaus durch besonderes Gebet und durch Verzicht beim Essen und Trinken.«*

Darin schließt er nicht nur Essen und Trinken ein, sondern auch alle anderen Gewohnheiten der Menschen. Benedikt will uns zur Bescheidenheit ermahnen und meint es gut mit uns, denn er bedenkt die schädlichen Folgen von Maßlosigkeit, die auch zur Sucht werden kann.

Das richtige Maß, die »Discretio«, die rechte Mitte, die uns Benedikt empfiehlt, ist nichts weniger als eine »Goldene Regel« für unser Leben. Er nennt sie »die Mutter aller Tugenden«. Sie ist eine der prägenden Weisheiten, die er nicht nur uns Mönchen auf den Lebensweg mitgibt:

Kurz beschrieben ist die Discretio

- die Kunst der rechten Unterscheidung in allen Dingen, sie steht auch für Bescheidenheit, das Sich-selbst-zurücknehmen-Können,

- die Kunst der Unterscheidung in allen Dingen, sie steht auch für Demut, Vertraulichkeit, Treue und Zuverlässigkeit und

- die Kunst der Geduld mit sich selbst und den Mitmenschen und des Ausharrens in allen Lebenslagen.

Wir sehen: In seiner ganzen Vielschichtigkeit steht der Oberbegriff der Discretio, die mit dem Alter, der Erfahrung und dem Leben wächst, letztlich für die erfüllte Kunst, im Einklang mit sich selbst, den Mitmenschen und dem göttlichen Willen zu leben. Dabei wachsen im Laufe eines Lebens auch die Wertigkeiten der Discretio mit.

Hildegard von Bingen (1098-1179), die Universalgelehrte ihrer Zeit, nennt die Discretio die »weise Maßhaltung und Unterscheidung«.

Maßlosigkeit war und ist offenbar zu allen Zeiten die Versuchung schlechthin. Doch wussten bereits die Philosophen des Altertums, dass Maßlosigkeit im wörtlichen Sinn weitreichende Folgen haben kann.

Die vielen verschiedenen Formen der Sucht in unserer Zeit – Alkohol-, Tabletten-, Drogen-, aber auch Arbeits-, Freizeit- und Spielsucht – sprechen für die gesundheits- und persönlichkeitsschädigenden Folgen von Maßlosigkeit. Sie alle sind Fehlentwicklungen, die aus ungestillter Sehnsucht nach einem heilen Leben erwachsen.

Ausgewogene und maßvolle Lebensführung, so lehrt uns Hildegard von Bingen, kann dagegen diesen ungesunden Entwicklungen vorbeugen und so eine gesunde Grundlage für eine neue Lebenskultur und Lebensfreude schaffen.

Beim rechten Maß geht es auch um das, was wir heute »Lebensstil« nennen. Der Mensch braucht die Anstrengung ebenso wie die Ruhe, die Stille ebenso wie die Unterhaltung, die Hinwendung zum Mitmenschen ebenso wie die Hinwendung zu Gott.

Hildegard, die nach der Benediktsregel lebte, hat diese heilbringende Lebensordnung im Bild der Harmonie beschrieben. Sich einfügen in das Ordnungsgefüge der Welt, mitschwingen in der Harmonie des Kosmos und des Lebens, darum ging es ihr.

Sie wusste auch, dass jeder von uns, jederzeit, nach eigenem Willen, in Freiheit das richtige Maß der Lebenskunst wiederfinden kann. Sie schrieb: »*Oh Mensch, du hast das Wissen um das Gute und Rechte in dir selbst. Deshalb kannst du dich durch nichts entschuldigen.*«

Sie beschrieb auch mit wunderbaren Worten das Transzendente der benediktinischen Lebensweise und -kunst:

»*Nur wer sich selbst loslassen kann, dem ist es auch möglich, sich selbst zu überschreiten – bis hinein in die Unendlichkeit Gottes.*«

Um ein häufiges Missverständnis der Benediktsregel gleich zurechtzurücken: Benedikt legt uns das rechte Maß ans Herz, nicht das Übermaß, aber auch nicht die Mittelmäßigkeit, die Aktivität statt der Passivität. Das Nichtstun ist für ihn ebenso schädlich wie das Zuvieltun. Er hält nichts von »entweder-oder«, sondern mehr von Ganzheitlichkeit und Ausgleich wie bei »ora et labora et lege«. Wenn wir eines der beiden Prinzipien übertreiben, werden wir entweder zu Arbeitstieren oder zu Gebetsmaschinen.

Wer alles erreichen will, wird nichts erreichen, wenn er sich nur in die Arbeit stürzt. Er wird seine Lebensfreude und seine Freunde verlieren. Wir können uns bemühen, wie wir wollen, ohne Gott schaffen wir doch nichts. Wenn wir unser eigenes Leben nur über die Arbeit definieren, dann verkümmern wir, sobald wir keine Arbeit mehr haben.

Auch und besonders für Führungskräfte ist die Benediktsregel eine Fundgrube für Menschenführung und Motivation. In vielen Vorträgen erfahre ich dies immer wieder, vor allem, wenn Entscheidungsprozesse anstehen. Wie binde ich die Mitarbeiter ein, wie schaffe ich Konsens, einen vertrauensvollen Umgang untereinander?

In der Benediktsregel (RB 64) heißt es dazu:

»Der eingesetzte Abt bedenke aber stets, welche Bürde er auf sich genommen hat und wem er Rechenschaft über seine Verwaltung ablegen muss. Er wisse, dass er mehr helfen als herrschen soll. Er muss daher das göttliche Gesetz genau kennen, damit er Bescheid weiß und (einen Schatz) hat, aus dem er Neues und Altes hervorholen kann. Er sei selbstlos, nüchtern, barmherzig. Immer gehe ihm Barmherzigkeit über strenges Gericht, damit er selbst Gleiches erfahre. Er hasse die Fehler, er liebe die Brüder. Muss er aber zurechtweisen, handle er klug und gehe nicht zu weit; sonst könnte das Gefäß zerbrechen, wenn er den Rost allzu

*heftig auskratzen will. Stets rechne er mit seiner eigenen
Gebrechlichkeit. Er denke daran, dass man das geknickte
Rohr nicht zerbrechen darf. Damit wollen wir nicht sagen,
er dürfe Fehler wuchern lassen, vielmehr schneide er sie
klug und liebevoll weg, wie es seiner Absicht nach jedem
weiterhilft.«*

Aus vielen Gesprächen mit Führungskräften weiß ich,
dass in Chefetagen die Versuchung, abzuheben und
quasi über den Mitarbeitern zu stehen, zu den Kar-
dinals-Untugenden des Managements gehört. Diese
»Kultur« strahlt nämlich auf die Mitarbeiter »darunter« ab und erschwert oder verhindert gar den vielzi-
tierten Kontakt auf Augenhöhe, der Voraussetzung
für Dialog, Konsens und Vertrauen ist.

Die Benediktsregel gibt auch darauf zeitgemäße Antworten, über die Jahrhunderte hinweg, auch für die
Aufgaben eines Abtes im Kloster. Sie bleibt auf dis-
krete, unspektakuläre Weise fortschrittlich. In unseren
Klöstern wird der Abt vor jeder Entscheidung, welche
die Gemeinschaft betrifft, den Rat seiner Mitbrüder
einholen. Damit genügt er nicht nur seiner Infor-
mationspflicht, sondern er bindet auch alle ein, eine
Entscheidung mitzutragen. Diese Form der Befragung
und Willensbildung hat sich bei uns seit mehr als 1500
Jahren bewährt.

Dabei ist Benedikt mit dem Lob der Mitte nicht der
Erste. Bereits Aristoteles hatte den Begriff »Mesotes«
(griechisch »Mitte«) in die Ethik eingeführt und damit
jenen Ort bezeichnet, an dem zwischen einander ent-
gegengesetzten Polen, dem »Zuviel« und dem »Zuwe-

nig«, die Tugend sitzt. Als Beispiel nennt er die Tugend der Tapferkeit, die bei »Mesotes« zwischen Tollkühnheit und Feigheit angesiedelt ist.

Die Benediktsregel ist ganz wesentlich von dieser relativen Sichtweise geprägt. Benedikt legt die Mitte nicht fest, weil er weiß, wie verschieden die Menschen von ihren Anlagen und Charakteren her sind. Er ermutigt uns vielmehr, unsere jeweils eigene Mitte selbst zu finden. Das rechte Maß zu finden ist deshalb zwar ein Akt unserer persönlichen Freiheit, aber auch eine ständige Herausforderung mit der Frage: Übertreiben wir nicht irgendwo? Für mich ist dies das Geniale an der Benediktsregel: Sie verhindert Freiheit nicht, sondern schafft sie.

Manchmal werde ich gefragt: Wie kommt es, dass ihr Mönche so gelassen bleiben könnt in dieser zerrissenen, verrückt erscheinenden Welt? Lebt ihr auf eurer eigenen Insel?

Meine Antwort:
Unsere Gelassenheit kommt aus dem vertrauenden Glauben an die Liebe Gottes.

Wir wissen, wie es der Apostel Paulus in seinem 2. Korintherbrief so poetisch ausgedrückt hat, dass wir einen göttlichen Schatz in zerbrechlichen Gefäßen in uns (unseren vergänglichen Körpern) tragen. Wir leben aus Gottes barmherziger Liebe.

Und wir leben im Wissen um die Zeitlichkeit unseres irdischen Lebens. In der Benediktsregel Kapitel 4 emp-

fiehlt uns der Meister als Einübung deshalb, »den un-
berechenbaren Tod täglich vor Augen« zu haben. Wir
sollen nichts verdrängen oder ausblenden, aber uns
auch bewusst sein, dass wir durch Jesus Christus bereits erlöste Menschen sind. Auch dies gilt für uns alle.

Wir wissen aber auch, dass wir fehlbar sind. Benedikt
sagt dazu im Prolog, Vers 36: »*Deshalb sind uns die Tage
dieses Lebens als Frist gewährt, damit wir uns von unseren
Fehlern bessern.*«

Wie wir Mönche leben? Gewissermaßen alternativ, als
Aussteiger in einer vom Konsum getriebenen Welt.
Das ist, wenn man so will, unser Lebensstil. Keinesfalls
aber leben wir auf einer Insel, weit entfernt von den
Menschen. Wir leben mitten unter ihnen.

Wir leben, unserer Regel entsprechend, regel-mäßig.
Unser Tag ist für alle klar strukturiert: Wir stehen früh
auf, um viertel nach fünf. Denn wir beginnen den Tag
mit dem gesungenen Morgenlob, der Vigil und der
Laudes, um zwanzig vor sechs.

Jetzt wird mancher von Ihnen sagen: Das ist ja fast
noch in der Nacht. Im Winter ist es tatsächlich noch
finster, aber im Frühling und im Sommer ist es bereits
der helle, lichte Tag, den wir so begrüßen, und der uns
meist ebenso freundlich begrüßt. So haben wir mehr
vom schönen Tag, den uns Gott geschenkt hat.

Und: Ist es nicht solidarisch den vielen Millionen ar-
beitenden Menschen gegenüber, die so früh zur Arbeit
müssen, oft mit einem langen, zeitraubenden Weg?

Nach dem Frühstück versammeln wir uns an jedem Werktag um viertel vor sieben zum gemeinsamen Gebet und feiern um acht Uhr die Eucharistie.

Kurz vor zwölf legen wir, wo immer wir im Kloster auch sind, unsere Arbeit nieder und eilen in die Kirche, um die Mittagshore zu singen und zu beten. Um halb eins nehmen wir gemeinsam das Mittagsmahl ein.

Die Kirchenglocken rufen uns wieder zur Vesper um sechs Uhr abends. Vesper heißt bei uns aber nicht »Brotzeit«, sondern Abendgebet mit dem Wechselgesang der Psalmen, die ich besonders liebe, weil sie uns mit Orgelbegleitung kontemplativ von der Arbeit des Tages in den Abend begleiten.

Um sieben Uhr am Abend essen wir gemeinsam und beschließen den Tag mit der Komplet. Anschließend zieht sich jeder Mönch, der nicht mit der Betreuung von Gästen beschäftigt ist, in sein Privatissimum zurück: Es ist seine Zeit. Für mich ist es die Zeit, zu lesen, zu musizieren, zu kommunizieren – viele E-Mails warten auf mich – und zu schreiben, meist bis Mitternacht.

Dies ist eine Form von Gebet und Arbeit, die unseren Tag sinnvoll teilt und dabei nichts zur Übertreibung werden lässt. Wer sich, spätestens nach dem dreijährigen Postulat und Noviziat, daran gewöhnt hat, in einem solchen Tagesrhythmus zu leben, empfindet dies als wohltuend, nicht als Last, und wird Unterbrechungen, soweit sie nicht wirklich notwendig sind, wie etwa Reisen, möglichst vermeiden.

Unsere Klöster sind offene Orte der Gastfreundschaft. Wir leben zwar, entsprechend unserer Regel, nach einem eigenen Arbeits- und Gebetsrhythmus und in Rückzugsorten der Stille. Doch dieser Rhythmus lässt uns, ja, schenkt uns noch genügend Zeit für unsere Aufgaben als Seelsorger und für die »Welt da draußen«, in der wir ja ebenfalls leben. So bleibt uns nichts Menschliches fremd.

Wir leben besitzlos und erwirtschaften alles Notwendige zum Leben gemeinsam. Auch das macht uns, mit unserem gelebten Glauben, frei, geborgen und – gelassen.

Was wir benötigen, aber nicht besitzen, teilen wir. So ist uns das schicke Modewort »Carsharing« bereits aus den Zeiten der Pferdekutsche bekannt. Wer ein Auto dienstlich braucht, gibt einfach dem Bruder, der den Klosterfuhrpark verwaltet, rechtzeitig Bescheid. Und wer verreisen muss, holt sich in unserem eigenen »Reisebüro«, der Klosterprokura, seine Tickets und sonstigen Unterlagen ab.

In dieser Freiheit und Gelassenheit kommen wir am ehesten unserem Lebensziel näher. Und das liegt nicht in den materiellen Dingen, sondern in der Liebe zu unseren Mitmenschen.

Es wäre unrealistisch, die persönliche Besitzlosigkeit als ideale Lebensform zu propagieren. Mir ist das bewusst. Für die große Mehrheit der Menschen ist Besitzlosigkeit nicht erreichbar und sogar lebensfremd. Diese Lebensweise kann auch nur unter bestimmten

Bedingungen und Regeln, wie bei uns in unseren Klöstern, authentisch gelebt werden. Wir besitzen nicht, wir geben, was wir gemeinsam erwirtschaften, weiter an die nächste Generation. Was wir besitzen, besitzen wir nicht für uns selbst, sondern für alle im Konvent.

Hier, bei uns, mit unserer alternativen Lebensweise, Gott suchend und den Menschen zugewandt, finden wir in der Benediktsregel Antworten auf viele Lebensfragen, nicht zuletzt auf die der Gelassenheit. Diese Art, bewusst mit Regeln umzugehen, macht frei.

Sprüche über gute Vorsätze (4):

»Wenn man viele Vorsätze hat, darf man auch mal einen fallen lassen.«

FOLGEN WIR UNSEREM INNEREN WEGWEISER

Wer mit einem Navigationsgerät unterwegs ist und ein Ziel eingegeben hat, hört nach jeder falschen Richtungsänderung eine automatisierte Ansage: *»Wenn möglich, bitte wenden.«* Oder: *»Folgen Sie dem Streckenverlauf 21 Kilometer.«*

Jeder von uns hat einen inneren Wegweiser, der uns mit Beharrlichkeit immer wieder auf den richtigen Weg, den geraden Weg, zurückführen will: unser Gewissen. Es wurde von unserem Schöpfer so eingestellt, dass es uns bei Abweichungen und Verirrungen auf falschen Pfaden immer wieder in die ideale Position einpendelt.

Unser Gewissen lässt uns stets die Freiheit, uns zwischen dem falschen und dem richtigen Weg zu entscheiden. Es klopft nur ganz sanft an und will uns sagen: *»Es ist besser für dich, wenn du jetzt wendest und auf den geraden Weg zurückkehrst. Dann kommst du schneller und sicherer ans Ziel.«*

Folgen wir diesem guten Rat nicht, bekommen wir leicht ein *»schlechtes Gewissen«*, denn der *»Gewissenswurm«* in uns – ich habe ihn im Vorwort bereits angesprochen – lässt nicht so leicht locker. Gewinnen wir diesen Konflikt, ist uns wieder leichter ums Herz, verlieren wir ihn, tragen wir eine mehr oder weniger schwere Bürde mit uns herum.

Unsere Vorsätze folgen einem ähnlichen Prinzip: Halten wir sie ein – oder folgen wir zumindest der richtigen Richtung, die wir ja kennen und die wir uns vorgenommen haben –, freuen wir uns über Erfolgserlebnisse, die uns weiter aufbauen und noch stärker machen. Wir drehen uns in der Spirale weiter nach oben.

Vergessen wir unsere Vorsätze aber – oder lassen sie einfach als Abfall am Rand unseres Lebensweges liegen –, kommen sie uns als Misserfolge wieder entgegen und lassen uns missmutig und mutlos werden.

Selbstmotivation durch Erfolgserlebnisse ist, wie wir bereits im ersten Kapitel gesehen haben, ein möglicher und eleganter Weg, eine Art Navigator. Wir Menschen sind von unserer göttlichen Veranlagung her mehr fürs Gelingen geschaffen, nicht fürs Misslingen. Wenn wir, wie in diesem Buch, über Vorsätze reden, dann natürlich über *gute Vorsätze*. Und wenn es unser Vorsatz war, ein Buch über gute Vorsätze zu schreiben mit dem Untertitel »Beim nächsten Mal wird alles anders«, dann haben wir uns selbstverständlich mit diesem positiven Vorsatz an die Arbeit gemacht, und mit Freude am Gelingen. Am Gelingen unserer Vorsätze. Denn dahinter steht ja auch der Wunsch, sich selbst zu erkennen.

Allerdings trainieren wir hier nicht für einen Start beim Marathon (obwohl auch dies ein Vorsatz sein kann), sondern nehmen uns so viel Bewegung vor, dass wir uns bald wohler fühlen als jetzt. Fangen wir also mit einem täglichen halbstündigen Spaziergang an!

Noch lieber würden wir gemeinsam zu Ihrer Kirche spazieren, oder einen Ausflug zu einer Kirche machen, die Sie schon lange besuchen wollten, und dort Gott danken, dass er Sie gerufen hat, eine Viertelstunde bei ihm zu verweilen.

Wollten Sie nicht schon lange ein Museum an Ihrem Wohnort oder in Ihrem Umkreis besichtigen? Erfüllen Sie sich diesen Wunsch, folgen Sie Ihrem Vorsatz, sobald Sie Zeit haben. Schreiben Sie eine Liste der Wunschorte auf, die Sie unbedingt sehen wollen.

Wenn Sie einmal viel Zeit haben, mindestens einen Tag, besser aber mehrere Tage oder eine Woche, wäre eine Wallfahrt zu empfehlen. Es muss ja nicht gleich der Jakobsweg sein. In Bayern, Österreich, der Schweiz, Südtirol oder in der Tschechischen Republik finden Sie viele klassische Wallfahrtswege, auf denen Sie zu Fuß, mit dem Fahrrad oder auch mit öffentlichen Verkehrsmitteln zu den Zielen kommen, die Sie vielleicht schon lange besuchen wollten.

Hier gilt: Bereits der Weg ist das Ziel. Und der kann durchaus auch kontemplativen Charakter haben. Beispielsweise der Fußweg von Herrsching am Ammersee hinauf zum Kloster Andechs oder die Wanderung vom »unteren Kloster« Fiecht im Inntal in Tirol hinauf zum St. Georgenberg, dem heiligen Berg der Tiroler. Oder der Weg von Waidbruck im Eisacktal zum Kloster Säben. Diese und andere Tagestouren finden Sie im Buch »Spiritus loci – vom Geist des Ortes«.

An vielen dieser Orte gibt es auch Angebote für Exerzitien, geistliche Übungen, meist für mehrere Tage. Hier erhält Ihre Seele neue Impulse in Spaziergängen in wunderbarer Natur, wie im Kloster Maria Laach in der Vulkaneifel.

Oder lassen Sie ganz einfach einmal los, wo immer Sie auch sind. Setzen Sie sich an einen stillen Ort, fern von Menschen und dem Lärm der Welt, hören und schweigen Sie, mit einem Lächeln auf den Lippen.

Es ist ein kaum zu beschreibendes Glücksgefühl, sich an einem sonnig-milden Tag im Mai am Ufer des Klosterteichs des längst verlassenen Zisterzienserklosters Morimond in Burgund einfach ins Gras zu legen, dem Ziehen der Wolken nachzuhängen, den Flug der Vögel zu verfolgen, ab und zu einen Fisch bei der Insektenjagd aus dem Wasser schnellen zu hören und an nichts zu denken, nur an das viele Jahrhunderte während »Ora et labora« der Mönche, die dieses schöne Land vor mehr als 900 Jahren erschlossen hatten. Nur dieser Teich und die Ruine der Bibliothek erinnern noch an sie.

Es sind die kleinen Seelenstreichler und Glücksmomente, die uns auf unserem Weg weiter voranbringen.

Nicht ganz ernst gemeinter Vorsatz Nr. 4:

»Ich werde nicht mehr gleichzeitig mit derselben Person telefonieren, chatten und E-Mails schreiben.«

Unser aller Rangliste der guten Vorsätze für das Jahr
2017 war:

- mehr Sport treiben
- abnehmen (weniger Essen)
- mehr Wasser trinken (statt Alkohol)
- selbstbewusster werden
- gesünder essen (weniger Fastfood)
- mehr Bücher lesen
- Freundschaften besser pflegen
- weniger Süßigkeiten und Schokolade naschen
- entmüllen
- ehrenamtlich tätig werden.

Und nicht mehr Rauchen, der klassische Nr.-1-Vorsatz
der 70er, 80er und 90er Jahre? Er landete auf Rang 23.

Noch vor zehn Jahren hatte das »Ranking« der guten
Vorsätze noch dieses Bild:

- Ich werde Nichtraucher.
- Ich werde abnehmen.
- Ich mache mehr Sport.
- Ich ernähre mich gesünder.
- Ich unternehme mehr mit Freunden und Familie.
- Ich arbeite weniger und kümmere mich mehr um
  die wichtigen Dinge im Leben.
- Ich nutze mein Smartphone weniger.
- Ich werde weniger Alkohol trinken.

- Ich werde sparsamer sein.
- Ich werde Stress im Job und Privatleben vermeiden.

Offensichtlich haben sich die Wertigkeiten der Vorsätze in den vergangenen Jahren verändert, nicht aber die Themen.

Das mag vielleicht bedeuten, dass die am meisten verbreitete Sucht früherer Zeiten, die Nikotinsucht, entweder an Bedeutung verloren hat oder einfach nicht mehr im Fokus liegt. Wobei der Vorsatz bei Nikotinsucht sich in der Regel auf den Zigarettenkonsum bezog. So genannte »Genussraucher« wie Pfeifen- und Zigarrenraucher wurden in die Statistiken nicht differenziert einbezogen. Als abendlicher Genuss-Pfeifenraucher fühle ich mich also hier nicht als »nikotinsüchtig« angesprochen.

Mainstream und Konformismus sind zwei Seiten ein und derselben Medaille. Sie sind die hohe Schule der Manipulation.

Dabei stellen wir uns manchmal die Frage: Wer bestimmt, wer prägt eigentlich den »Mainstream«?

Ein Marketingexperte aus der Automobilindustrie hat einmal berichtet, dass man bestimmte Modelle sogar gewissen Berufsgruppen zuordnen kann, wie Anwälten, Unternehmensberatern und Ärzten. Bei Lehrern an höheren Schulen hatte die schwedische Marke Saab einmal den achtfachen Marktanteil im Vergleich zu anderen Berufen. Das ist faszinierend, obwohl vielleicht nur Soziologen verstehen, warum dies so ist.

Dieser Konformismus im Konsumverhalten, so praktisch er offensichtlich für die Marketingexperten ist,
hat aber auch etwas Bedrückendes. Er ist wie ein mo-
derner Zug der Lemminge: Alle in dieselbe Richtung, bis
hin zum Abgrund. Er zeigt uns, wie manipulierbar wir
sind, welche Zwänge wir auf uns nehmen, nur um so zu
sein, zu erscheinen wie Frau Müller und Herr Schneider
nebenan. In Reihenhaussiedlungen, genauer gesagt in
den Garagen dieser Siedlungen, ist das Saab-Phänomen
ebenfalls weit verbreitet: Wo die gehobene aktuelle Mit-
telklasse die Siedlungsstraße beherrscht, sind der Fah-
rer des Fiat Panda oder die Fahrerin des Golf IV Baujahr
2001 eher Außenseiter, mit dem Makel: Sie verpesten
mit ihrer Euro-3-Norm auch noch unsere Luft.

Wir schmunzeln vielleicht über solche Konsumphäno-
mene. Vielleicht fragen Sie sich selbst, wenn Sie über
Ihre letzten größeren Anschaffungen nachdenken, ob
Sie nicht selbst auch manchmal von dieser Anpassung
an den Mainstream befallen sind.

Hier geht es um das Phänomen des Konformismus im
Schafspelz des eigentlich angestrebten Individualis-
mus. Dieses Phänomen ist nach Beobachtungen von
Soziologen tatsächlich weltweit verbreitet, vor allem
in den wohlhabenden Ländern der alten Welt und in
Nordamerika.

Konformismus ist die hohe Schule der Manipulation

Dieser offensichtliche Zwang zur Gleichmacherei
in Kleidungs- und Ausstattungssachen, bis hin zum

Handy und zum Auto, hat schon etwas Tragikomisches an sich. Alle, die sich von ihm anstecken lassen, wollen eigentlich das Gegenteil signalisieren: Schaut her, ich kann mir das Gleiche leisten wie mein(e) Mitschüler(in) oder mein Nachbar: Ich bin up to date, ich bin dabei, kann mitreden: Ich bin in.

Es ist aber keineswegs nur die Nörgelei eines bedürfnislosen Mönches an den Konsumgewohnheiten unserer Zeit, die mich antreibt. Als Mensch dieser Zeit weiß ich um die Notwendigkeiten, den wirtschaftlichen Kreislauf in Schwung zu halten. Im Übrigen: Auch unsere Klöster sind selbsterhaltende, autarke Wirtschaftsbetriebe, die sich etwas einfallen lassen müssen, um ihre Aufgaben für die Gemeinschaft und viele Mitarbeiter erfüllen zu können.

Mein Anliegen ist ein ganz anderes: Es geht um die Freiheit des Einzelnen, um ein selbstbestimmtes Leben in Eigenverantwortung, das allerdings die Verantwortung für das Ganze mit einschließt.

Wer, wie viele von uns, mit Sorge beobachtet, wie unser Konsumverhalten in eine Form der Selbstversklavung abgleitet, die uns der Freiheit beraubt: Wer sieht, wie erfolgreich versucht wird, uns von Kindheit an unter massivem Einfluss kommerzieller Medien zu leicht manipulierbaren Konsum-Menschen zu erziehen, der kann nicht einfach schweigend mitmachen. Wir können doch nicht zu Google- oder Facebook-Sklaven verkommen.

Wenn Medienkonsum krank macht

Ohne den moralischen Zeigefinger heben zu wollen, möchte ich doch ein ernstes Thema ansprechen, weil es mir am Herzen liegt, und möchte mich damit vor allem an die Eltern wenden:

Eine Mutter suchte Rat bei einem befreundeten Seelsorger, weil ihr 25-jähriger Sohn seit seinem 12. Lebensjahr spielsüchtig ist. Seit drei Jahren, nachdem er alle Schulen abgebrochen hat, erzählte sie ihm, vergräbt er sich jeden Tag, auch am Wochenende, bei heruntergelassenen Jalousien sechs, acht Stunden in seinem Zimmer und schlägt seine Zeit mit Kriegs-Aktionsspielen wie »World of Warcraft« tot, buchstäblich tot.

Er entwickelt keine Eigeninitiative mehr, nimmt auch keine Anregungen von Verwandten auf, sitzt mit seinen Eltern und seiner jüngeren Schwester nur noch zum Frühstück und zum Abendessen am Tisch, den er schnell und wortlos wieder verlässt. Er pflegt keine Freundschaften, außer vielleicht mit virtuellen Spielkontakten über das Internet, treibt keinen Sport, hat keine anderen Hobbys oder Interessen, achtet kaum noch auf die Körperpflege und sein äußeres Erscheinungsbild und zeigt bereits schwere Haltungsschäden.

Die Mutter war verzweifelt, suchte geistlichen Rat, nachdem ihr Sohn den Vorschlag, gemeinsam einen Therapeuten aufzusuchen, bereits als »Schmarrn« abgetan hatte. Auch der hätte in diesem Stadium der Sucht wahrscheinlich einen externen Entzug unter Aufsicht von Fachpersonal empfohlen.

Was konnte der Seelsorger raten, ohne die sicherlich lange Vorgeschichte der Spielsucht des Sohnes, die auf eine Mitverantwortung der Eltern schließen ließ, in seine Gedanken einzubeziehen? Offensichtlich hatte die Familie die nahezu vollständige Isolation des Sohnes in seiner Spiel-Scheinwelt anfänglich nicht zur Kenntnis oder zu wenig ernst genommen. Mit den sich daraus entwickelnden Misserfolgen in Schule und Beruf – er hatte auch eine Lehre abgebrochen – drehte sich die Negativspirale des Dramas schließlich immer weiter.

Frage an die Mutter: »Warum hat sich Ihr Sohn so radikal vom Leben abgewandt?«

Die Mutter antwortete erstaunt: »Das möchten wir auch gerne wissen, denn er hat doch alles. Er müsste eigentlich gar nicht arbeiten.«

Mit dieser »Erklärung« hatte die Mutter die Frage auf andere Art beantwortet. Dem Sohn, dem angeblich nichts fehlte, fehlte nämlich das Wichtigste, um sein Leben in die eigene Hand zu nehmen: die Motivation, selbst etwas zu leisten. Deshalb die Flucht in die Scheinwelt der Spielsucht, ohne den Leidensdruck, daraus wieder entfliehen zu müssen.

Der Rat war: »Stellen Sie Ihrem Sohn nur eine Frage: Was würdest du tun, wenn du morgen ausziehen müsstest?«

Die Mutter ging nachdenklich, aber wenig begeistert über diesen Rat, nach Hause. Die Frage ist dem Sohn, soviel ich weiß, nicht gestellt worden.

Das Schicksal dieses jungen Mannes ist durchaus typisch für exzessiven Medienkonsum, und es ist deprimierend, wie hier offensichtlich ein junges Leben verschwendet wird. Die Spielsucht über das Internet und die »Play-Stations« scheint tatsächlich, wie immer wieder zu lesen ist, ein aktuelles und stark zunehmendes Problem unserer medialen Zerstreuungsindustrie zu sein.

Mich dauert der junge Mann aber auch deshalb, weil er vielleicht nie die wirkliche Chance hatte, sein Leben eigenverantwortlich zu führen. Seine wohlhabenden Eltern, die vom Erlös und der Verwaltung von ererbten Mietshäusern leben, haben ihm wohl schon als Kind eingepflanzt, dass eigentlich alles da ist, er nicht arbeiten, sich nicht anstrengen muss. Damit haben sie ihn, ohne dies zu wollen, um einen wesentlichen Sinn des Lebens gebracht, den, sich selbst herauszufordern und daraus Selbstbewusstsein zu schöpfen.

Er wird es – ohne die immaterielle Hilfe der Eltern und von Therapeuten – schwerlich schaffen, aus eigener Kraft seine Spielsucht zu überwinden und ein selbstbestimmtes Leben zu führen. Vielleicht hilft es ihm und den vielen anderen, die jeden Morgen nur aufstehen, um wieder und wieder mit virtuellen Waffen einen imaginären Gegner zu bekriegen und damit unwiederbringliche Lebenszeit verschwenden, wenn sie Goethes weise Erkenntnis verinnerlichen:

»Was du ererbst von deinen Vätern, erwirb es, um es zu besitzen.«

Nicht ganz ernst gemeinter Vorsatz Nr. 5:

»Ich werde in meinem Zimmer einen Fluchtweg freiräumen. So kann ich, wenn die Klamottenlawine eines Tages losrollt, vielleicht entkommen.«

Bei Suchtgefahr sind vor allem die Eltern gefordert

Das hier geschilderte Schicksal ist kein Einzelfall. Es ist sogar symptomatisch für das Internet-Zeitalter. Fast jeder zehnte Jugendliche in Deutschland nutzt das Internet zu intensiv und in problematischer Weise. Sechs Prozent der jungen Deutschen gelten sogar als internetsüchtig, wenn sie täglich mehr als acht Stunden online verbringen. Das geht aus einer EU-Studie zum Internetverhalten von 13- bis 18-Jährigen in sieben Staaten hervor, die die Universität Mainz und die Landesmedienzentrale Rheinland-Pfalz 2016 veröffentlicht haben.

Gestützt werden diese Daten auch durch eine Umfrage des Forsa-Institutes im Auftrag der Deutschen Angestellten Krankenkasse (DAK). Danach lähmen und demotivieren das Internet und seine Spielangebote mehr und mehr Jugendliche – auch weil Eltern zu wenig eingreifen.

Rund 1 000 Elternpaare hat das Forsa-Institut für die repräsentative Untersuchung nach den Internetgewohnheiten ihrer 12- bis 17-jährigen Kinder gefragt. Es ist die erste Eltern-Studie, die neben der Dauer und der Art der Internetnutzung auch mögliche krankhafte Folgen für die Jungen und Mädchen untersucht.

Das Ergebnis: Bis zu 10 Stunden am Tag sitzt mancher Jugendlicher vor dem Bildschirm. Laut der Hälfte der befragten Eltern bleibe das Kind länger online als vereinbart, teilt die DAK mit. Etwa jedes 10. Kind nutze nach Angaben der Eltern das Internet, um vor Problemen zu fliehen. Bei 11 Prozent der Befragten hat das Kind mehrfach erfolglose Versuche unternommen, seine Internetnutzung in den Griff zu bekommen. Bei 7 Prozent der Kinder gefährdet die Onlinewelt eine wichtige Beziehung oder eine Bildungschance.

»Die Daten deuten darauf hin, dass etwa fünf Prozent der Kinder und Jugendlichen in Deutschland unter krankhaften Folgen ihrer Internetnutzung leiden«, sagt Prof. Dr. Rainer Thomasius, ärztlicher Leiter des Deutschen Zentrums für Suchtfragen des Kindes- und Jugendalters am Universitätsklinikum Hamburg-Eppendorf (UKE). Jungen sind dabei doppelt so häufig internetsüchtig wie Mädchen. Jungen lieben Ballerspiele wie »World of Warcraft«, Mädchen verheddern sich in den sozialen Netzen.

Wie Internetsucht definiert wird

Die Grenze von der regulären Nutzung zur Abhängigkeit ist auch bei der Internetsucht fließend – eine einfache Faustregel gibt es nicht. Offiziell ist Internetsucht bislang keine eigene Erkrankung. Psychologen diagnostizieren sie anhand eines ganzen Kriterienkatalogs, dessen Vorgaben denen von anderen Suchterkrankungen ähneln.

Als internetsüchtig stufen sie Jugendliche ein, die einen ständigen Drang zum Surfen verspüren, immer mehr Zeit im Netz verbringen und darüber andere Hobbys und Kontakte vernachlässigen. Sie kämpfen mit Entzugserscheinungen, wenn kein Internetzugang möglich ist. Betroffene Jugendliche schrauben ihre Online-Zeit auch dann nicht zurück, wenn sie deshalb schlechte Schulnoten kassieren.

»Es ist einerseits beeindruckend, wie vielfältig und kreativ das Internet von Jugendlichen in Europa genutzt wird«, sagt Michael Dreier von der Ambulanz für Spielsucht der Uniklinik Mainz. Gleichzeitig sei es aber alarmierend, dass so viele Jugendliche ein problematisches oder sogar abhängiges Verhalten zeigten.

Größtes Suchtpotenzial bei Sozialen Netzwerken und Online-Spielen

Internetsucht kommt demnach besonders häufig bei intensiven Nutzern von sozialen Netzwerken und Online-Computerspielen vor. Die Betroffenen waren schlechter in der Schule und weniger gewandt im Umgang mit anderen Menschen. Erschreckend hoch sei, so die Mainzer Forscher, mit knapp vier Prozent der Anteil derer, die online ein riskantes Glücksspielverhalten zeigten, ergänzt Psychologe Kai Müller.

Diese Jugendlichen sind besonders gefährdet.

Zunächst gab der Großteil der Schüler per Fragebogen Auskunft. Im zweiten Schritt interviewten die Forscher 124 Jugendliche, die als internetsüchtig gelten. Dabei stellten sie unterschiedliche Ausprägungen der Internetsucht fest. Einige der Betroffenen sind exzessiv online und dort quasi gefangen, weil sie im wirklichen Leben entweder gemobbt und schüchtern, oder aber chronisch gelangweilt sind. Sie drängt es nicht zu Unternehmungen abseits des Computers. Solche Jugendlichen sind besonders anfällig für Internetsucht.

Bessere Chancen, sich aus der Sucht zu befreien, hätten Menschen, die sowohl online wie offline aktiv sind, sowie diejenigen, die nach einer exzessiven Online-Nutzungsphase irgendwann selbst die Notbremse ziehen.

Diese Phasen rechtzeitig zu erkennen, das liegt vor allem in der Verantwortung der Eltern. Es ist eine große Verantwortung, die für die Kinder zukunftsprägend sein kann.

Wie umgehen mit der Online-Generation?

Nicht immer muss die Diskussion zwischen den Generationen um die sinnvolle Nutzung von Smartphones und Internet zu einem Konflikt ausarten, wie im vorhin geschilderten Einzelfall. Vielen Eltern gibt das Onlineverhalten ihrer Kinder aber Rätsel auf und bereitet ihnen Sorgen.

Oft geht es dabei nur um Missverständnisse über die Sprache der jungen Generation und ihre veränderten kommunikativen Gewohnheiten. Eltern um die vierzig, fünfzig tun sich schwer, die ständig neuen Begriffe aus der Welt der sozialen Medien wie Facebook, Instagram und Twitter einzuordnen und zu verstehen. Ab wann ist YouTube mehr als aktuelle Unterhaltung, etwa Information?

Man müsste sich als Eltern oder Lehrer ständig selbst updaten, um noch mitreden zu können.

Ach ja, gestern war die Welt noch viel einfacher oder einfach anders.

Anders, einfacher? Wie sieht die digitale Welt von Teenagern wirklich aus? Hängen sie wirklich den ganzen Tag am Handy-Display und beantworten mit kryptischen Formeln Mails und Chats? Verschwenden sie bloß ihre Zeit?

Ja, die heutige Generation ist so gut wie immer online. Sie kann ohne Smartphone offenbar nicht mehr leben. Versklaven sie sich deshalb, oder machen sie sich die neuen Medien einfach zunutze?

Seien wir nicht naiv. Mit rückwärts gerichteten Erklärungen und Kommentaren wie »Früher sind wir auch ohne Computer und Handy ausgekommen« oder »Man muss ja nicht jede Mode mitmachen« ist es natürlich nicht getan. Ein Handy ist eben schon lange nicht mehr nur zum mobilen Telefonieren da.

Wie auch immer wir das Dauerbrenner-Generationenthema betrachten: Gewiss scheint mir, dass wir der Online-Generation nicht verwehren dürfen, die Möglichkeiten der digitalen Welt zu nutzen. Die Frage, um die es wirklich geht, ist vielmehr die der sinnvollen Nutzung der Medien, Kanäle und Netze, oder um auch hier auf die Benediktsregel zurückzukommen:

Die Mäßigung in allen Dingen

Online zu sein ist also gewiss nicht alles, auch dann nicht, wenn manch einer hier einwendet, dass das Leben offline zwar möglich, aber nicht sinnvoll ist. Sinnvolles Leben hat natürlich viele weitere Facetten – kulturelle, spirituelle und sportliche –, die zu vernachlässigen uns der wichtigsten Werte berauben würde.

Die erstaunlich hohen (freiwilligen) Mitgliederzahlen beispielsweise von Facebook, Twitter und WhatsApp zeigen ein zweischneidiges Phänomen auf: das ungeheure Mitteilungsbedürfnis so vieler Millionen Teilnehmer einerseits und die dahinter sichtbare offenkundige Einsamkeit ebenso vieler an den Computern.

Wie also finden wir auch hier die maßvolle Mitte?

Diesen Weg zu finden ist für Kinder und Jugendliche nicht leicht. Das hat, je nach Alter und Reife, viel mit Neugier, Spieltrieb, Nachahmungstrieb und Vorbildern zu tun. Deshalb liegt hier auch eine besondere Verantwortung bei den Eltern und Erziehungsberechtigten. Der maßvolle Weg erfordert von allen Beteiligten die Bereitschaft zur ehrlichen Kommunikation. Eltern und Lehrer dürfen sich nicht scheuen, mit den Kindern und Jugendlichen ganz offen über Missbrauch und dessen Folgen zu sprechen, vor allem, wenn es um gefährliche Auswüchse und Tendenzen wie Mobbing geht.

Aus pädagogischer Sicht sind diese Gespräche auch deshalb häufig problembeladen, wenn sie im spannungsgeladenen Klima der Pubertät geführt werden müssen. Für Erzieher eine Gratwanderung, weil sie Themen der Beziehungen und Sexualität sensibel ansprechen müssen, ohne peinlich zu wirken auf manchmal verwirrte junge Seelen.

Gerade in diesem Themenkreis wäre es wenig sinnvoll und eher kontraproduktiv, mit Verbot oder gar Entzug von Handy und Computer zu drohen. Damit droht eher ein kaum wieder reparabler Vertrauensverlust.

Oft führen Verbot und Entzug bei jungen Menschen auch nur zu Ersatzhandlungen wie dem Zweithandy, weil sich Kommunikation eben nicht so leicht unterbinden lässt, wie man früher beispielsweise ein verbotenes Buch aus dem Verkehr zog.

An offener Aufklärung und vertrauensbildendem Dialog führt deshalb kein Weg vorbei, auch wenn er scheinbar noch so schwer zu gehen ist. Die Alternative ist, wie im Fall der Spielsucht geschildert, der Weg in die Sackgasse der Abhängigkeit, aus der alle Beteiligten nicht mehr schadlos herausfinden.

Mehr als 600 000 Bundesbürger aller Altersschichten, davon die Hälfte im Rentenalter, sind nach einer Untersuchung vom Frühjahr 2017 »internet-süchtig«. Weitere 1,2 Millionen stehen mit einem Internet-Konsum von vier bis acht Stunden an der Schwelle zum Suchtverhalten. Hier sind es vor allem Jugendliche im Alter von 12 bis 18 Jahren.

Ein anderes Thema im Umgang mit Smartphones, das hoffentlich nur temporär ist und das vor allem bei Jugendlichen auffällt: Muss man sich wirklich überall und öffentlich mit dem Phone am Ohr präsentieren? Ich verstehe ja, es ist trendy, ein Zeichen, dass man dazugehört. Es kann aber auch peinlich sein, und vor allem unhöflich, wenn man sein Privatleben öffentlich ausbreitet und seine Nachbarn belästigt. Wenn ich in München mit der U-Bahn oder S-Bahn unterwegs bin, ist meist mehr als die Hälfte meiner Mitreisenden damit beschäftigt, privat zu telefonieren, ohne Rücksicht auf die Ohren der Nachbarn.

Mein Vorsatz oder Vorschlag lautet: »Nie mit dem Smartphone öffentlich telefonieren«. Für Rückrufe gibt es schließlich die Mobilbox, aber nur im privaten Raum.

»New every two« (alle zwei Jahre ein neues) war gestern, »new every one« (jedes Jahr ein neues Handy), das ist heute Trend.

Natürlich gilt es, auch in der digitalen Welt des Internets sorgfältig zu unterscheiden, was wirklich notwendig ist, um sinnvoll miteinander zu agieren und zu kommunizieren. Smartwatches, die alles Mögliche anzeigen außer der Uhrzeit und uns ständig unter Stress halten mit Benachrichtigungen aller Art, sind eher eine modische Spielerei. Auch hier trifft das Beschleunigungsgesetz der Industrie zu: Nicht nur »new every two«, sondern »new every one«, also jährlich etwas Neues, und das oft nur wegen einer neuen Funktion, die man nur scheinbar unbedingt haben muss.

Junge Leute wissen übrigens oft genauer zu unterscheiden als trendbewusste Erwachsene, was im Online-Alter notwendig und weniger notwendig ist. Blogs können beispielsweise sinnvoll, weil zeitsparend sein, wenn man in einer bestimmten Gruppe Informationen austauscht. Twitter-Kurzmeldungen, die mit 140 Zeichen die ganze Welt mit Halbwahrheiten und Unsinn überfluten können – siehe »#therealdonaldtrump« –, sind oft bestenfalls nur Zeiträuber, nicht selten aber auch missbräuchliche Instrumente der Politik.

Da ist noch das Facebook-Phänomen, von dem ich von den Schülern in meiner Umgebung höre, dass es schon wieder abklingt, also von gestern ist. Es soll nämlich ein rechtes »Nerverl« sein, also ein Besserwisser, der derart mit Werbung gespickt ist, ständig Spots einblendet, dass es auch jungen Menschen auf den Geist geht. Der Grundgedanke von Facebook, nämlich Menschen miteinander zu verbinden, zu verknüpfen, wendet sich mit dem ständig wachsenden »Freundeskreis« ohnehin schnell ins Gegenteil. Wer einmal Hunderte von Kontakten angesammelt hat, kann sie dann nicht mehr, oder nur oberflächlich, pflegen. Eine Erfahrung, die jeder erst selbst machen muss.

Über eines sollte man sich übrigens stets bewusst sein: Wer Facebook nutzt, hinterlässt mit jedem Kontakt auch einen digitalen Fußabdruck. Und niemand von uns weiß, in welcher Form die Informationen, die er preisgibt, weiterverwendet oder an andere Nutzer oder Unternehmen weiterverkauft werden. Je mehr solche Daten über das Konsumverhalten eines Facebook-Nutzers aussagen, desto wertvoller sind sie. Der privatwirtschaftliche Gratis-Facebook-Service ist beileibe kein karitatives Unternehmen, sondern erst über Werbung und die Weiterverwertung seines Datenbestandes hochprofitabel.

Meine persönlichen Erfahrungen mit dem System Facebook möchte ich kurz schildern: In der Vorbereitung meiner Reise zu den Benediktinerklöstern in Vietnam sandte mir das Kloster Tien-An eine Mail mit zwei Videos. Es handelte sich dabei um ein aktuelles Ereignis. Die lokalen kommunistischen Behörden waren in das Waldgelände der Mönche eingedrungen, um ein Kreuz zu vernichten. Sie hatten das hohe Eisenrohr, an dem der Gekreuzigte hing, mit Gewalt zu Boden gebogen und zerstörten den Corpus unter großem Andrang protestierender Gläubiger.

Dabei kam es zu einem Handgemenge. Jemand hatte die Szene mit dem Handy aufgenommen. Schon aus Sympathie mit meinen Mitbrüdern wollte ich das Video ansehen. Das war aber nur möglich, nachdem ich auf meinem Laptop ein Konto bei Facebook eingerichtet hatte. Seither werde ich von Facebook täglich mit mindestens drei Mails bombardiert: Es seien neue Nachrichten für mich da, ich solle sie ansehen. Es ist der reinste Terror. Das Löschen der Mails scheint das Gegenteil zu bewirken. Da hilft nur noch die – wiederum zeitraubende – Kündigung.

Während Facebook in der jüngeren Generation mehr und mehr durch »Whatsappen« ersetzt zu werden scheint, das für werbefreies, schnelles »Chatten« wohl besser geeignet ist (es bleibt übrigens in der Familie, denn WhatsApp gehört zum Facebook-Konzern), ist das Thema durchaus ambivalent: Denn Gruppenchats kommen immer mehr in Mode und machen es möglich, sich in Arbeitsteams oder in Vereinen unkompliziert auszutauschen. In Schulen kann es dagegen Lehrer zur Verzweiflung treiben, wenn sich ganze Schulklassen in Chatrooms vernetzen und Nachrichten wie Aufgabenlösungen austauschen. Das gute alte Abschreiben bekommt durch hochgeladene Bilder eine neue Dimension...

Was sich mit dem schnellen, stichwortartigen Whats-App-Chatten leider auch verändert, ist die Art, *wie* kommuniziert wird: Man spart sich Sätze, ersetzt Wörter durch Abkürzungen, wie »ka« für »keine Ahnung« und Freundlichkeiten durch Emojis, kleine mehr oder weniger lustige Abbildungen, die früher auch einmal Emoticons hießen. Das war wohl eine Silbe zu lang. Sogar »okay« wird inzwischen durch ein Zeichen ersetzt.

Der »Internationale Verein zur Förderung der sprachlichen Verarmung« begrüßt so täglich auf WhatsApp neue Mitglieder, was die ohnehin immer schwieriger werdende Arbeit der Deutschlehrer zunehmend in Frage stellt.

Nicht ganz ernst gemeinter Vorsatz Nr. 6:

»Ich werde nicht mehr als 1 Stunde am Tag im Internet surfen. Das ist natürlich schwer zu messen, weil ich nicht immer auf die Uhr schaue ...«

Der Zeitfresser: Warum YouTube mit Vorsicht zu betrachten ist

Auf der Liste der Social-Media-Dienste steht YouTube mit weltweit geschätzt einer Milliarde Teilnehmern ganz oben, auch weil es bereits seit 2005 online ist. Damit wäre jeder dritte Internetnutzer weltweit auch YouTube-Zuschauer.

Die Plattform hat sich ausschließlich auf Video-Inhalte spezialisiert und folgt einem einfachen Prinzip: Wer sich anmeldet, erhält automatisch seinen eigenen Kanal und kann darauf beliebig viele Videos hochladen. Es gibt so gut wie keine Beschränkungen für die Länge der Clip, noch für deren Inhalte, abgesehen von Standards, die für alle Websites gelten und die beispielsweise Gewalt und Pornografie von vornherein ausschließen. Die Grenzen dafür werden allerdings oft recht locker gesehen, und die Kontrolle darüber, was guter Geschmack sein soll, funktioniert mehr oder weniger.

Das Hochladen und auch das Abspielen der Clips ist zwar kostenlos, aber: Der Energieverbrauch besonders bei Smartphones ist hoch, und auch das geht letztlich

übers Aufladen ins Geld. Die Videos können mit einer
»Daumen hoch«- oder »Daumen runter«-Funktion auch
bewertet werden, und hier beginnen bereits die Möglichkeiten der Manipulation. Denn YouTube ist in erster
Linie eine öffentliche Plattform und ist deshalb auch
offen für Eitelkeiten und Schleichwerbung aller Art. Die
Zahl der selbstgemachten »Stars«, die über YouTube gekommen und wieder gegangen sind, ist Legende.

Vor allem aber ist YouTube ein geschickt inszenierter
Zeitfresser. Die meisten der kategorisierten Kanäle beschäftigen sich mit mehr oder weniger kommerziellen
Inhalten wie Lifestyle, Mode und Beauty und Comedy,
was wiederum den Humus für die exzessive Werbung
hervorbringt, von der YouTube als Milliardengeschäft
schließlich lebt.

Auch für YouTube, ein Tochterunternehmen des welt-
größten vernetzten Suchmaschinen- und Datenkon-
zerns Google, gilt ebenso wie für Facebook: Mit Ihrem
Nutzerverhalten, Ihren Interessen geben Sie Google
vielfältige Informationen, die dazu dienen, über Algorithmen ein recht genaues Profil Ihrer Persönlichkeit
zu erstellen.

In welcher Form diese Informationen dann an Dritte
weitergegeben und verwertet werden, darauf haben
wir in der Regel keinerlei Einfluss. Die internationale
Rechtsprechung für die Wahrung unserer Persönlich-
keitsrechte steht hier noch am Anfang. Und gerade mit
den USA, dem Herkunftsland der Medienkonzerne Facebook und Google, gestalten sich diese Verhandlun-
gen derzeit recht schwierig.

Hohe, werbeträchtige Klickzahlen erhalten übrigens die »Pranks«, das sind Clips, in denen Mitmenschen nach Art von »Verstehen Sie Spaß« auf irgendeine schadenfrohe, möglichst fiese Art und Weise hereingelegt werden. Solche Pranks gehen bisweilen unter die Gürtellinie.

Löbliche Ausnahmen sind die Kanäle »MrWissen2go«, der aktuelle Themen aufgreift, und »TheSimpleClub«, in dem man virtuellen Nachhilfeunterricht in Mathematik, Biologie, Physik, Chemie und Wirtschaft nehmen kann.

Es geht bei YouTube jedoch mehr um oberflächliche Unterhaltung als um Bildung oder Wissen. Wer aber seine Langeweile bekämpfen will, ist auf diesen Kanälen als »Vlogger« (eine Kombination aus Video und Bloggen) gut aufgehoben.

Deshalb ist es ein empfehlenswerter Vorsatz, mit dem Zeitfresser YouTube gezielt und sparsam umzugehen.

Der Zeitsparer: Die Twitter-Welt in 140 Zeichen

Um zur Urform der Reduzierung von Textnachrichten auf das kürzestmögliche Maß zurückzukehren, die früher SMS (Short Message Service) hießen und heute auch Twitter, populär geworden durch den einfachsprachgewandten US-Präsidenten Donald J. Trump (#therealdonaldtrump): Twitter ist deshalb so beliebt geworden, weil sein Prinzip so einfach ist. Einmal ein kostenloses Konto anlegen und sofort in die ganze Welt hinausposten.

Immerhin: Ein Twitter-Konto wird damit zu einer Art Redaktionsbüro, das Nachrichten nur mit Stichworten herausgibt. Man könnte das auch Mikroblogging nennen, und genauso verstehen das auch Populisten wie Mr. Trump.

Twittern ist insofern durchaus demokratisch, als es ermöglicht, zu »retweeten«, also zurückzuzwitschern, und damit eine andere Meinung oder Sicht der Dinge in den Dialog zu bringen. So können durchaus erfrischende Diskussionen entstehen.

Dabei hilft auch eine Funktion, die ganze Wörter ohne Leerzeichen ersetzt: Das Rautezeichen (#), »Hashtag« genannt. Praktisch am # ist, dass daraus ein Link (Verbindungshinweis) entsteht, wenn # vor ein Wort gesetzt wird. Das erleichtert das Wiederauffinden, und man kann beim Daraufklicken sehen, wer noch einen Beitrag zum selben Thema verfasst hat. Zum Beispiel:

Die #Predigt war heute wieder ziemlich langweilig. Nach 10 Sekunden wusste ich bereits, was der Pfarrer sagen wollte: Er war gegen die Sünde. #sanktpeter#predigt

Die simplen # werden damit zum einfachen Hilfszeichen, wenn man schnell die verschiedensten Meinungen zu einem bestimmten Thema will, ohne dazu unterschiedliche Websites aufrufen zu müssen. Twitter wird mit diesen kleinen Tricks zwar zu einem schnellen meinungsbildenden Medium, aber auch zu einem gefährlichen: Manipulation ist durchaus möglich, siehe »#therealdonaldtrump«.

Nach diesem kleinen Exkurs in die manchem vielleicht befremdlich erscheinende Welt der Online-Kommunikation versuchen wir diesen Vorsatz:

»Wir verschließen uns nicht vor den positiven Errungenschaften der neuen Medien, sondern öffnen uns, soweit sie uns helfen, unser Zusammenleben leichter zu gestalten und zu fördern.«

Schnappschüsse für ex und hopp

Wie schnelllebig die Trends bei den sozialen Online-Medien sein können, vor allem bei der Generation zwischen 15 und 25, das zeigt der rasche Aufstieg von »Snapchat«, am besten übersetzt mit Schnappschuss.

Mit Snapchat kann man Bilder und Videos an Kontakte verschicken. Das ist an sich nichts Neues, denn das ist auch bei Facebook und WhatsApp möglich. Anders als bei diesen Kanälen, bei denen alle Chatverläufe automatisch gespeichert werden, ist Snapchat jedoch ein Kurzzeit-Medium, eine Art sofort löslicher News-Kaffee, den man trinkt und dann den Becher wieder entsorgt.

Die Grundidee ist also, Schnappschüsse an Freunde zu verschicken, die nur kurz, zwischen einer und zehn Sekunden, auf dem Handydisplay zu sehen sind. Man kann sie zwar einmal wiederholen, aber dann sind sie weg. Für die Server und die Nutzer gleichermaßen hat das den Vorteil, dass sich weniger Datenmüll auf den Geräten ansammelt. Es geht nur darum, Freunde am aufgenommenen Moment teilhaben zu lassen.

Ob Facebook, WhatsApp oder Snapchat: Wir Oldies der Vor-Online-Ära können von der jungen Generation lernen, zu unterscheiden, was noch Information, Entertainment oder was bereits »Fake« ist.

Werkzeuge als Werkzeuge und nur als solche nutzen

Seit den 80er Jahren nutze ich Computer für die tägliche Büroarbeit. Anfänglich nur für die Textverarbeitung, vor allem die Korrespondenz. Damit ersetzte ich zunächst eigentlich nur die gute alte Schreibmaschine. Der Fortschritt der Computertechnologie bestand damals im Wesentlichen darin, Fehler schneller und unkomplizierter korrigieren zu können und das Geschriebene dann in einem Speichermedium, zuerst großen Disketten (Floppy Disks), dann immer kleiner werdenden Hard Disks, so zu archivieren, dass ich es später wiederverwenden konnte.

Da ich in mehreren Sprachen korrespondiere, benutzte ich mehrere Computer mit unterschiedlichen Tastaturen und oft kleinen, monochromen Bildschirmen gleichzeitig. So sah mein Büro in der Mönchszelle wie ein Sekretariat aus, nur ohne Sekretärin.

Später, in den 90er Jahren, kam mit dem Internet und vor allem mit der E-Mail-Funktion, der mit dem Klammeraffen, die eigentliche Revolution in der digitalen Welt. Damit war es tatsächlich möglich geworden, sich Nachrichten, ganze Dokumente und Bilder rund um den Globus in Windeseile zu senden. Diese Errungenschaft wurde übrigens aus der ursprünglich militärischen Nutzung in die Zivilgesellschaft übertragen. Gar kein so schlechtes Beispiel.

Ich gebe zu, dass ich mir kaum noch vorstellen kann, wie ich ohne die schnelle, unkomplizierte Kommunikation per E-Mail meine Aufgaben als Abtprimas von Rom aus, ständig unterwegs auf allen Kontinenten, und auch heute noch als wieder einfacher Mönch hätte bewältigen können.

Dennoch frage ich mich oft: Fluch oder Segen? Denn bei aller eingesparten Zeit durch den schnellen Datenaustausch hat gleichzeitig mein Arbeitsvolumen zugenommen. Gelegentlich plagen mich Albträume, wie ich die steigende Flut an E-Mails bewältigen kann. Meist nur spät in der Nacht. Fluch oder Segen?

Auf Schwarz-Weiß-Malerei lässt sich diese wohl umwälzendste Innovation in unserem Leben in den vergangenen 30 Jahren nicht reduzieren. Zu ihren Phänomenen gehört, dass sie global stattfindet, über alle Grenzen hinweg. Auch die Kirchen, die Orden, die Gemeinden bedienen sich des Internets zur Verbreitung der Frohen Botschaft Jesu Christi und zum Austausch mit den Gläubigen. Und das ist zweifellos ein Segen.

Als Student hätte ich davon geträumt, auf all das gesammelte Wissen im Internet zurückgreifen zu können. Auch das kann ein Segen sein. Nur: Unkritisch und undifferenziert auf Google oder Wikipedia Wissen herunterzuladen, kann auch nicht der Weisheit letzter Schluss sein. Kennen wir die Quellen? Sind die Informationen objektiv? Können wir sie nachvollziehen? Nicht zuletzt die Meinungsvermittler, die Journalisten, sind hier in ständiger Gefahr, manipulierten Informationen aufzusitzen, die dann als »verifiziert« immer weiterverbreitet werden. Seriöse Medien stellen diesem Trend Recherchepools entgegen, die Nachrichten nicht nur mit zwei, sondern mit drei weiteren Quellen nachprüfen.

Angesichts der Flut an Nachrichten, die uns rund um die Uhr über die verschiedensten Kanäle erreichen und oft überfordern, bleibt uns nur, einen ruhenden Gegenpol zu setzen: durch selektive Wahrnehmung und die Priorisierung auf das, was für uns persönlich wirklich von Bedeutung ist. Nur so können wir uns die Freiräume bewahren, die wir zum Leben brauchen wie die Luft zum Atmen. Mein Tipp dazu: Man kann sich den Tag so einteilen, mehr Zeit zu haben für sich selbst, zur Erholung und Reflektion, als für den Medieneinfluss von außen. Die Freiheit haben wir!

Und was Smartphone, Smartwatch, Tablet, PC und Co. betrifft: Betrachten wir sie einfach als das, was sie sind und als was sie auch gesehen werden sollten: als Werkzeuge, als nichts als Werkzeuge, die unser Leben erleichtern und uns nicht vom Leben fernhalten sollten! Die Idee hinter neuen Technologien war ursprünglich stets, uns mehr Freiheit zu verschaffen, in der wir unsere Kreativität entfalten können. Wir haben damit aber gleichzeitig auch die Freiheit erworben, sie missbräuchlich zu nutzen. Kommunikation kann dem friedlichen Miteinander dienen, aber eben auch der aggressiven Feindseligkeit. Wir können wählen.

Deshalb nutzen wir Werkzeuge sinngemäß, aber: Wir sollten uns niemals von Werkzeugen fremdbestimmen oder gar versklaven lassen!

Sprüche über gute Vorsätze (5):

»Religion beschränkt sich nicht auf das, was ihre Tempel ausstellen und ihre Riten und Traditionen verkünden, sondern darauf, was sich in den Seelen verbirgt und welche Vorsätze in die Tat umgesetzt werden.«
Khalil Gibran

Die Rangliste der guten Vorsätze, die am Anfang dieses Kapitels zitiert wurde, macht mir übrigens durchaus Mut. Vorsätze wie »Mehr Sport treiben«, »Freundschaften besser pflegen«, »Mehr Bücher lesen« und »ehrenamtlich tätig werden« sind weniger konsum- und suchtorientiert und nicht an kurzfristigen Scheinerfolgen ausgerichtet.

Sport und Musik, zwei stabile Säulen fürs Leben

Während »mehr Sport treiben« in allen Vorsatz-Ranglisten einen vorderen Platz einnimmt, ist »mehr musizieren« offenbar kein vordringlicher Wunsch vieler Menschen. Deshalb möchte ich hier eine Lanze für die Musik brechen, für die aktive, selbstgespielte Musik ebenso wie für das passive Erleben und Hören, wann und wo auch immer.

Beide zusammen, Sport und Musik, sind tragende Säulen für ein erfülltes Leben. Beide zusammen können uns gesund und glücklich machen, an Körper und Geist. Die belebende Wirkung von Musik auf unser Gehirn ist wissenschaftlich erwiesen.

Zum Verhältnis von Körper und Geist finden wir übrigens auch sinnvolle Hinweise in der Bibel, die eine körperfeindliche Haltung durchaus widerlegen. Im Buch Jesus Sirach, einem der Lehrbücher des Alten Testaments, lesen wir: »*Ein gesunder Leib ist besser als*

großes Gut. Ein Leben in Gesundheit ziehe ich dem Golde
vor und frohen Sinn den Perlen.« (Sir 30,15)

Selbstliebe in der Weise, dass wir auf unseren Körper
achten sollen, gehört also nach der Bibel zu unserer
Natur. Indem wir uns nicht vernachlässigen, sondern
den gesunden Geist in einem gesunden Körper woh-
nen lassen, dienen wir nicht nur uns selbst, sondern
auch unseren Mitmenschen: Wir bleiben bis ins hohe
Alter weniger anfällig für Krankheiten und Gebre-
chen, erhalten unsere Leistungsfähigkeit und Selbst-
ständigkeit.

Um die Bedeutung der Musik für unser Leben, vor allem für unsere Seele, zu erläutern, fällt mir spontan
das Zitat von Friedrich Nietzsche ein: »*Ohne Musik
wäre das Leben ein Irrtum.*« Für mich kann ich hinzu-
fügen: Ohne Musik könnte ich nicht leben. Mit Musik
stehe ich auf, mit Musik schlafe ich ein. Musik, in welcher Form auch immer, ist ein Geschenk Gottes von
Menschen für Menschen, die schönste Botschaft, die
wir senden können.

Eines der größten Geschenke, die mir unser Gymna-
sium in Sankt Ottilien bereitet hat, war die musikalische Erziehung. Ich durfte das Querflötenspiel erler-
nen, das ich heute noch fast täglich übe. Später kam die
E-Gitarre hinzu, mit der ich unsere Schüler-Rockband
»Feedback« noch gelegentlich verstärke.

Wer kein Instrument beherrscht, kann noch immer
singen, allein, für sich, oder besser in einem Chor.
Ich empfehle allen: Singen Sie – es macht Sie frei und

glücklich. Kein Gebet erfreut Gott so wie ein gesungenes Lied, und Sie selbst werden den göttlichen Funken spüren, den Ludwig van Beethoven so unsterblich intoniert hat. Wer singt, betet doppelt.

Von Beethoven stammt auch ein wichtiges Zitat, das ich nur unterschreiben kann. »Musik ist höhere Offenbarung als alle Weisheit und Philosophie.« Übrigens ist wissenschaftlich erwiesen: Singen hält körperlich und geistig fit und ausgeglichen.

Mehr als Fitness – Vorsorge

Die notwendige körperliche und seelische Fitness, die unsere Lebensqualität entscheidend mitträgt, ist durch die Zivilisationskrankheiten in unserer Zeit stark gefährdet. Das kostet nicht nur viel Geld im Gesundheitssystem – es kostet uns auch ganz persönlich Lebensqualität und Lebenszeit.

Deshalb: Gönnen wir uns Zeit, möglichst jeden Tag, für mindestens eine Stunde Bewegung in frischer Luft. Lassen wir uns von einem erfahrenen Therapeuten oder Sportlehrer ein Übungsprogramm zusammenstellen, das wir täglich ohne große Anstrengung eine Viertelstunde mit Freude praktizieren können, und ernähren wir uns bewusst und gesund.

Es ist unser Leben, von Gott geschenkt. Und vergessen wir nicht, ihm täglich dafür zu danken, zu beten, und, wann immer Sie mögen, ein Lied zu singen.

Als soziale Wesen können wir in allem, was wir miteinander bewegen und tun, ob Sport in der Gemeinschaft,
oder Singen und Spielen in einem Chor oder Orchester,
Befriedigung und Freude finden.

Es sind diese Werte, die unser Leben ganz besonders
bereichern. Sie gewinnen noch an Wert, wenn wir diese
Werte gemeinsam erfahren, denn wir sind füreinander
geschaffen.

Sprüche über gute Vorsätze (6):

*»Den Vorsätzen, den guten, alten, denen
bleiben wir stets treu, wir woll'n sie gerne
behalten, sie sind ja noch wie neu.«*

Algorithmen, so heißt es, nehmen über Computer, deren Betriebsprogramme und Zusatzprogramme (Apps), sowie über unser Nutzerverhalten zunehmend Einfluss auf unser Leben: wie wir uns verhalten, was wir konsumieren und welche Vorlieben wir haben. Damit kontrollieren sie uns, machen uns durchsichtig und beeinflussbar. Die Horrorvorstellungen im Romanklassiker »1984« von George Orwell sind damit längst Realität geworden.

Algorithmen – was ist das eigentlich?

»*Ein* Algorithmus *ist eine eindeutige Handlungsvorschrift zur Lösung eines Problems oder einer Klasse von Problemen* ...

Algorithmen bestehen aus endlich vielen, wohldefinierten Einzelschritten. Damit können sie zur Ausführung in einem Computerprogramm implementiert, aber auch in menschlicher Sprache formuliert werden. Bei der Problemlösung wird eine bestimmte Eingabe in eine bestimmte Ausgabe überführt.«

So wird es in Wikipedia definiert.

Es geht hier allerdings um viel mehr als mathematische Formeln in einem Computerprogramm: Es sind Anwendungen, die jeden von uns betreffen, weil sie unsere Verhaltensweisen entschlüsseln und damit transparent machen können. **83**

Drei Beispiele aus dem Alltag sollen dies verdeutlichen:

1. Wenn wir morgens zur Arbeit fahren und ein Navigationsgerät nutzen, arbeitet hinter dem Apparat häufig der Dijkstra- oder Kürzeste-Pfade-Algorithmus. Der berechnet in Form eines Graphen und dessen Knoten, welche Route am schnellsten ist. Selbst Faktoren wie Stau, Steigungen und Straßensperrungen werden hier berücksichtigt.

2. Wenn wir einen Begriff in einer Suchmaschine wie Google eingeben, erfolgt die Ausgabe der Ergebnisse über den PageRank-Algorithmus. Der prüft die Ergebnis-Webseiten nach Kompetenz, Verlinkungsstruktur und Relevanz für Ihre Suchanfrage. Danach werden die Ergebnisse sortiert.

3. Hinter jeder Ampel steckt ein Algorithmus, der das genaue Schaltverhalten definiert.

Algorithmen für Computer sind heute so vielfältig wie die Anwendungen, die sie ermöglichen sollen. Vom elektronischen Steuergerät für den Einsatz im Auto über die Rechtschreib- und Satzbau-Kontrolle in einer Textverarbeitung bis hin zur Analyse von Aktienmärkten finden sich Tausende von Algorithmen.

Mithilfe von Algorithmen können also nahezu unendlich viele definierte mathematische Aufgaben in Software-Programmen in präziser Logik gelöst werden. Sie können aber noch viel mehr, nämlich mit jedem Klick auf einer Website den Benutzer erfassen, identifizieren und registrieren.

So wird der Weg des Verbrauchers im Internet transparent und sein Verhalten, besonders wenn es um Konsumgewohnheiten geht, vorhersehbar. Und damit sind wir in gewisser Weise auch manipulierbar.

Wenn beispielsweise Amazon registriert, in welcher Bücherecke wir am liebsten schmökern, werden wir immer wieder gezielt auf dieses spezielle Genre angesprochen – ob wir wollen oder nicht. Algorithmen können also unser Internetverhalten analysieren und alle Informationen um uns herum miteinander verknüpfen und neu ordnen. Deshalb sind sie auch für Internet-Dienstleister wie Google oder »soziale Medien« wie Facebook das wichtigste Kapital und auch Machtfaktoren, die beispielsweise in Wahlkämpfen missbräuchlich eingesetzt werden können.

Zwar bleiben wir weiter frei in unserer Entscheidung, aber wir wissen nicht, wo unser »digitaler Fußabdruck« mit unseren Gewohnheiten und Vorlieben noch hinwandert. Denn Verbraucherdaten sind im Internet eine äußerst gefragte Handelsware, je präziser, desto teurer.

Warum dieser kleine Ausflug hinter die Kulissen des Internets?

Unser Vorsatz sollte sein, möglichst keine digitalen Spuren im Internet zu hinterlassen und sie nach jeder Sitzung aus den Browsern wieder zu löschen.

NACHHALTIG LEBEN –
EIN VORSATZ FÜR ALLE

Wo beginnt nachhaltige, ethisch verantwortungs-
volle Lebensweise? Beim Bauern auf dem Acker? Bei
der Köchin oder beim Koch in der Küche? Beim Au-
tofahrer auf der Straße? Was können wir selbst tun?
Wie können wir unser Bewusstsein verändern, unsere
Lebensweise anpassen? Bei wem und wo auch immer:
Nachhaltige Lebensweise beginnt im Kopf, beim Kauf
im Supermarkt. Damit beginnt sie bei uns, beim Verbraucher und seinen täglichen Konsumentscheidun-
gen. Und er kann damit zu Aldi oder zu Lidl gehen.
Oder, sofern in der Nähe, auf einen Wochenmarkt oder
in einen Hof- oder Klosterladen.

Weil wir aber mit diesen Entscheidungen oft überfordert sind, bedürfen wir der objektiven Aufklärung und
Information. Solche zu finden ist keineswegs immer
leicht und ist zeitaufwendig. Die Entwicklung und Erziehung zum nachhaltigen Konsum braucht Zeit, sie
ist aber offenbar auf einem guten Weg: In der dritten
jährlichen Umfrage zur Messung und Überwachung
des Konsumverhaltens haben die National Geographic
Society und das internationale Meinungsforschungs-
institut GlobeScan festgestellt, dass umweltbewusstes
Verhalten unter den Verbrauchern in 10 von 17 Ländern im vergangenen Jahr weiter zugenommen hat.

Ermittelt und gemessen wurde dieses Konsumverhalten bei Haushalt und Energie, im Verkehr/Transport
und bei Lebensmitteln und Waren des täglichen Ver-

brauchs. Der Schlüssel liegt also beim Verbraucher, bei uns. In einer Marktwirtschaft, die natürlich auch durch psychologische Trends aller Art, Marketing und Werbung gesteuert wird, hat aber immerhin der mündige Verbraucher immer noch das letzte Wort.

Wir entscheiden uns im Supermarkt, zu Hause und an der Tankstelle für oder gegen ökologisch nachhaltige Produkte oder Verhaltensweisen. Wir sind letztlich verantwortlich dafür, was der Markt produziert. Wenn Elektro- oder Hybridfahrzeuge vom Käufer als sinnvolle, energie- und kostensparende Alternativen betrachtet werden, wird die Industrie sich anstrengen und beeilen, diese Fahrzeuge zu vertretbaren Kosten anzubieten. Wenn sie aber versucht, daraus ein nur für wenige erschwingliches, modisches Edel-Konsumgut zu machen, wird dies weder dem Markt dienen, also uns, noch dem gemeinsamen Ziel, die CO_2-Emissionen spürbar zu senken.

Ein neuer Lebensstil kann auch vorbildlich sein

Wir sind, auch dank ständiger Aufklärung, unterwegs zu einem veränderten Konsumverhalten: vom gesteuerten Konsumzwang hin zu einem kritischen, nachdenklichen Verhalten, das auch die Folgen abwägt. Seit einiger Zeit beobachten wir übrigens eine Art Gegenbewegung zum weltweiten Fast-Food-Trend: Slow Food, selbst zubereitete einfache Speisen aus heimischem Anbau, wird offenbar wieder als gesunde Alternative entdeckt. Über kurz oder lang könnten aus diesem Trend wohl die ersten Restaurantketten entstehen. Die negative Entwicklung in den großen westlichen Industrienationen, die schließlich auch für die Umweltsünden der letzten Jahrzehnte ursächlich war, ist vielleicht doch umkehrfähig.

Ganz schmerzfrei sind solche Veränderungsprozesse nie, und damit meine ich besonders unsere Nachkriegsgeneration, die von der Zeit der harten Entbehrung den großen Sprung in die Wohlstandsgesellschaft geschafft hat, und im Alter ungern etwas missen will. Allerdings, alles braucht seine Zeit, und Veränderung ist selten ein bequemer Prozess. Wir stehen uns dabei oft selbst im Wege, denn wir legen einerseits größten Wert auf eine intakte Umwelt, auf reine Luft, auf sauberes Wasser und auf möglichst naturbelassene Lebensmittel. Nur, wir fordern andererseits das alles zum Discountpreis. Wir nehmen aus der Tiefkühltruhe das vakuumverpackte Fleisch aus verschleierter Quelle, denn wir sind preisbewusste Schnäppchenjäger.

Das hindert uns allerdings nicht daran, beim nächsten Lebensmittelskandal wieder zum Wutbürger zu werden. Es ist diese Konsum-Schizophrenie, die uns immer wieder daran hindert, auf schöne Sonntagsreden auch Taten folgen zu lassen. Immerhin scheint es inzwischen Konsens zu sein, dass Nachhaltigkeit in sämtlichen Lebensbereichen für uns als reiches Land auch die Änderung von Lebens- und Konsumgewohnheiten bedeutet.

Denn uns ist ja im Grunde bewusst, dass unser derzeitiger Lebensstil mit seinem hohen Ressourcenverbrauch weder zukunftsfähig ist, was die Verantwortung für künftige Generationen angeht, noch im Hinblick auf eine gerechte globale Verteilung der natürlichen Ressourcen. Es sieht so aus, dass dieser langsame, aber stetige Bewusstseinswandel im letzten Jahrzehnt ein gutes Stück vorangekommen ist.

Junge Menschen können den Älteren ein Vorbild sein

Dieses neu entstehende Bewusstsein gilt es, an die kommende Generation weiterzugeben, sie dafür zu begeistern. Bildungseinrichtungen – insbesondere Schulen – können hier die Verhaltensweisen, Einstellungen und Werte von Kindern und Jugendlichen wesentlich beeinflussen und in die richtige Richtung steuern. Wenn sich bei Kindern und Jugendlichen eine veränderte Konsumkultur herausbildet in der Ernährung, aber auch bei Mobilität und Energieverbrauch, ist für die Zukunft viel gewonnen.

Wir schulden den folgenden Generationen eine andere Welt.

Das Münchner Stadtmagazin BISS (Bürger in sozialen Schwierigkeiten) hat Kinder, Schüler, befragt, wie sie sich ihr Leben, die Welt im Großen und Kleinen vorstellen. Die Antworten haben mich einerseits stark berührt, weil sie von großer Fantasie und von naiver Poesie, andererseits auch von tiefer Nachdenklichkeit und Reflexion zeugen. Hier einige der Aussagen:

»Ich bin ja kein Hellseher, aber ich stelle mir München viel schöner vor, mit mehr Wiesen. Die Autos und Hochhäuser sind weg, und alle reiten auf Pferden. Es gibt keine schlechten Noten, nur Einser und Zweier, und die Menschen leben vegetarisch.«
(Nelly, 9 Jahre)

»Man kann sich leichter finden, wenn man sich verabredet hat, weil es Geräte gibt, in die man ganz leise hineinsprechen kann und keiner kann mithören – keine Handys. Auf jeden Fall hat München noch mehr Einwohner, bessere Politiker, mehr Schwimmbäder und mehr Umweltschutz.«
(Sarah, 11 Jahre)

»Ich würde sagen, es wird sich nicht viel tun. Es gibt weniger Benzin, mehr Elektroautos und mehr Solarenergie.«
(Julian, 11 Jahre)

»Wenn die Politiker nichts machen, wird es uns in 20 oder 30 Jahren gar nicht mehr geben. Das Öl wird ausgehen, weil wir alles verbraucht haben. Es wird weniger Bäume geben, aber wenn die Menschen es in den Griff bekommen mit der Welt, wird auch München umweltfreundlicher werden.«
(Arne, 10 Jahre)

»In der Zukunft wird mehr energiesparend gearbeitet, und trotzdem wird die Welt auch irgendwann – das kann noch lange dauern – zerstört, weil die Menschen immer nur an sich denken. Alle Menschen werden Vegetarier, Tiere zu töten wird verboten.«
(Antonia, 10 Jahre)

»Die Menschen tragen elektrische Schuhe und fliegen auf Sesseln. Man sagt Automaten, welches Essen man haben möchte, und unsere Polizisten werden Roboter sein!«
(Paul, 13 Jahre)

Wir lernen von den Kindern, dass materielle Dinge nicht alles bedeuten

Vielleicht sollten wir einfach mehr auf die Kinder hören. Unbeeinflusst von Ideologien haben sie noch einen ehrlichen, unverstellten, unverdorbenen Blick auf das Leben.

Darauf weist uns Jesus an verschiedenen Stellen in der Bibel übrigens deutlich hin. Wir tun gut daran, uns von Kindern inspirieren zu lassen und die ihnen eigene kreative Gedankenwelt in unsere rational bestimmte und oft opportunistische Denkweise eingehen zu lassen. Wenn wir uns also ernsthaft der Frage stellen: Was sind wir der folgenden Generation schuldig? Dann tun wir gut daran, auch ernsthaft mit dem Kopf der Kinder zu denken, deren eigene Perspektive einzunehmen.

Wenn wir das tun, stehen eben nicht rein materielle Überlegungen im Vordergrund wie: Was kann ich meinen Kindern vererben, wie kann ich ihnen ihr Leben absichern und möglichst sorglos gestalten?

Kinder denken nicht so, zumindest nicht in einem Alter, in dem sie ihr Leben noch als Spielwiese betrachten. Außerdem wissen, spüren Kinder durchaus mit wachem Gefühl, dass materielle Dinge nicht alles bedeuten im Leben. Was Kinder wirklich brauchen, sind Liebe, Zeit und Geborgenheit.

Nur daraus erwächst dann das, was wir ihnen an wirklicher Lebensbefähigung und Grundlage mitgeben können, nämlich: Bildung, nicht nur die des Wissens, sondern gleichermaßen auch des Herzens, der Talente, ob musisch oder sportlich, und des Charakters. Dieser gesamtmenschliche Weg wird ihr Leben weit stärker prägen als Geld, Erbe und materielle Sicherheit.

Unsere Generation ist aufgerufen, ihre Fehler wieder gutzumachen

Dies entbindet uns freilich nicht von unserer Verantwortung, unseren Kindern eine lebensfähige, lebenswerte, nicht ausgebeutete und hoch verschuldete Welt zu hinterlassen. Diese Verantwortung und Pflicht haben wir in unserer Generation oft sträflich vernachlässigt, aus kurzfristiger Gier und Eigennutz. Jetzt, hier und heute, können wir diese Fehler mit allen Kräften so weit wie möglich wiedergutmachen. Wir müssen umkehren auf den Weg zum nachhaltigen Denken und Handeln. Sonst haben wir versagt.

Eine kleine Portion Humor zwischendurch:

Wo es ein Ranking der guten Vorsätze gibt, existiert auch das Gegenteil. Hier die zehn lustigsten Vorsätze

für 2018:

10. Keine guten Vorsätze mehr zu fassen.

9. Kein Geld mehr für sinnlose Dinge auszugeben, sondern nur noch für unnötige.

8. Auf der Autobahn nicht mehr schneller als 250 km/h zu fahren.

7. Sich früher im Jahr Gedanken für die guten Vorsätze fürs nächste Jahr zu machen.

6. Einmal in der Woche zum Fitnesscenter zu fahren, nur um zu sehen, ob es noch steht.

5. So zu bleiben, wie man ist.

4. Nicht mehr mit dem Auto zur Arbeit zu fahren, sondern mit dem Wagen.

3. Kein Geld mehr für Zigaretten auszugeben, sondern sie nur noch zu schnorren.

2. Anderen dabei zuzusehen, wie sie Sport treiben.

1. Wieder die guten Vorsätze vor mir her zu schieben.

Diese »Vorsätze« sind, wie gesagt, nicht ernst gemeint. Sie zeigen aber doch, dass wir uns mit mehr oder weniger guten Absichten beschäftigen.

Sprüche über gute Vorsätze (7):

»Beginne das neue Jahr umweltfreundlich und beschränke dich ausschließlich auf die Wiederverwendung deiner alten, guten Vorsätze.«

NEHMEN SIE NICHT AB!

....

„Weniger Körpergewicht" ist in einer Gesellschaft, in der jeder Dritte zu viel Körperballast mit sich herumträgt und sich früher oder später mit dessen gesundheitlichen und psychischen Folgen plagen muss, gewiss ein sehr löblicher Vorsatz. Er steht deshalb zu Recht ganz oben auf der Vorsatzliste, flankiert von dazu notwendigen Begleitmaßnahmen wie »mehr Sport treiben«, »gesünder essen« und »weniger naschen«.

Was immer auch dazu beitragen kann, diesen Vorsatz zu fördern, das ist uneingeschränkt zu befürworten. Erleichtern wir uns, machen wir unser Leben leichter und beschwingter und, nicht zuletzt, nehmen wir auf Dauer ab.

Es gibt jedoch für den Begriff »abnehmen« noch eine andere, ambivalente Bedeutung. Im Johannes-Evangelium (Joh 3,30) finden wir dazu das Wort von Johannes dem Täufer, das auf Jesus hinweist. Ich habe dabei das ergreifende Gemälde der Kreuzigung Christi im Isenheimer Altar von Meister Matthias Grünewald vor Augen. Johannes der Täufer deutet auf den sterbenden Jesus mit den lateinischen Worten des Bibeltextes: »*Illum oportet crescere, me autem minui*« (»Er muss [in mir] wachsen, ich aber muss abnehmen«). In der tiefsten Symbolsprache des Mittelalters will uns der Künstler in Wort und Bild das Erlösungswerk Christi am Kreuz vermitteln:

»Nehmt ab, lasst los von falschen Gewohnheiten wie Hass, Neid, Eitelkeit, Egoismus, Stolz und Gier. Dann werdet ihr Frieden finden.«

Übersetzt in unsere Zeit, könnte die Botschaft des Evangeliums so lauten:

»Wenn du wirklich abnehmen willst, fange an bei deinen Vorurteilen, übertriebenem beruflichem Ehrgeiz, maßlosem Konsum und deiner Neigung, andere herunterzumachen, um dich selbst größer zu machen. Dann wirst du dich wieder freier fühlen.«

Warum aber soll Jesus wachsen? Ein leidender, mitleidender Gott am Kreuz?

Seine Liebe soll in uns wachsen. Sie soll die Welt überwinden.

Damit würde die innere »Schlankheitskur« nicht nur für uns selbst wertvoll, sondern auch für unsere Mitmenschen.

So kann aus einem in Kilogramm messbaren, aber auch leicht flüchtigen Vorsatz eine spirituelle und nachhaltige Wirkung erwachsen, die nicht nur dem Körper guttut, sondern auch die Seele erfrischt.

Die Überschrift dieses Kapitels mag provokant sein. Deshalb noch einmal: Es ist gewiss nicht meine Absicht, Ihren Vorsatz, Ihr Gewicht zu reduzieren, herunterzureden. Tun wir das eine, aber vergessen wir dabei nicht, auch an unser Innenleben zu denken.

Wenn wir uns also mit drei oder fünf, auch mit zehn Kilogramm Übergewicht noch wohlfühlen, auch weil es unserem Typ entspricht, warum wollen wir dann krampfhaft, mit Anstrengungen und Diäten aller Art, ein meist nur kurzfristiges Idealgewicht »erleiden«? Kennen Sie Ihren Body-Mass-Index (BMI)? Falls ja, vergleichen Sie ihn bitte nicht mit dem von Ausdauer-Hochleistungssportlern! Schließlich müssen Sie nicht so leben wie ein Hochleistungssportler.

Je stärker wir von außen fremdbestimmt werden, desto wichtiger ist es, auf unseren inneren Menschen zu hören. Er sagt uns zwar: Nimm ab, aber dauerhaft, und an den richtigen Stellen. Die liegen aber nicht nur an Bauch und Hüfte, sondern auch in der Seele. Denken Sie sich gesund, fühlen Sie sich gesund, singen Sie sich gesund.

Nicht ganz ernst gemeinter Vorsatz Nr. 7:

»Ich werde eine neue Personenwaage kaufen, weil meine jetzige nur zwei Stellen zuverlässig anzeigt.«

Auch die Überschrift dieses Kapitels ist provokant und nur zum Schein widersprüchlich. Der »Lehrsatz« führt uns, wenn wir uns auf eine kleine Überlegung einlassen, auf den maßvollen Weg: »Die Kunst, sich selbst zu erkennen«.

Viele von uns leben nicht in großen Häusern mit großen Kellern und geräumigen Dachböden, sondern in begrenzten Wohnräumen. Dann gewöhnt man sich auch daran, sich mit geringem Wohnraum noch genügend Platz zum Leben zu schaffen. Wir Mönche fühlen dabei mit Ihnen, denn wir haben für unser privates Leben einen Wohnraum von 32 Quadratmetern, mit denen wir in der Regel auch gut auskommen. Darin ist natürlich kein Platz beispielsweise für eine eigene große Bibliothek. Dafür haben wir in den Klöstern eine Gemeinschaftsbibliothek.

Für meinen Umzug von Rom zurück in mein Heimatkloster Sankt Ottilien im Herbst 2016 benötigte ich keinen Lkw, um meine »gesammelte Armut« zu befördern. Ein Kleintransporter reichte dafür aus. Eigene Möbel hatte ich nicht, zu transportieren waren überwiegend Dokumente, Papier. Einen Teil meiner Bücher hatte ich vorher der Bibliothek unserer Hochschule in Rom, Sant'Anselmo, überlassen.

Dieser private Lebensraum von 32 Quadratmetern reicht im Kloster tatsächlich aus, gleich welchen Hobbys ein Mitbruder nachgeht und wie groß seine private

Bibliothek ist. Denken wir nur einmal daran, mit wie viel Lebensraum alte Menschen in Heimen auskommen müssen: Vielleicht werden auch wir uns in den letzten Lebensjahren damit bescheiden müssen, mit den wirklich notwendigen Dingen auszukommen. Dies fällt uns dann leichter, wenn wir darauf vorbereitet sind.

Räumen wir also nicht auf, nur um des Aufräumens willen. Räumen wir auf, um einen Blick auf unser Leben zu werfen. Was haben wir alles angesammelt, was wir nicht mehr brauchen können? Wofür das alles? Könnten wir nicht mit dem vielen Nützlichen im Keller und auf dem Dachboden vielen anderen Menschen helfen, etwas Gutes damit tun?

Wer aber nicht als »Wohltäter« gelten will, nur weil er Krempel »entsorgt«, kann auch die regelmäßige Sperrmüllabfuhr in Anspruch nehmen.

Der Mensch kommt mit 200 Dingen ganz gut aus

Vielen ergeht es so: Wir fühlen uns nicht mehr wohl mit all den über Jahre angehäuften Dingen, die längst überflüssig geworden sind, und wiederum von anderen, derzeit wichtigeren Dingen abgelöst worden sind. Sie sind uns zum Ballast geworden, den wir abwerfen wollen. Kaum ein anderes Gewerbe blüht bei uns so wie das Entsorgungs-/Entrümpelungsgewerbe. Und ebenso die Flohmärkte, auf denen wir dann den Krempel wiederfinden, den eine satte Wohlstandsgesellschaft zum schicken »secondhand« erklärt hat. **99**

In vielen Städten gibt es inzwischen auch Second-hand-Kaufhäuser mit einem breiten Angebot von Bekleidung bis hin zu Möbeln und Unterhaltungselektronik. Sie werden nicht nur von bedürftigen Menschen besucht.

Für diejenigen Mitmenschen, die im Laufe ihres Lebens zu viel Ramsch angesammelt haben – und damit sind nicht die psychisch belasteten »Messies« gemeint, die im eigenen Müll fast ersticken –, gibt es inzwischen Spezialisten, Organisationen, die beim Ausmisten helfen. »Clear of Clutter« (»Klar Schiff«) heißen sie beispielsweise, und sie gehen ziemlich rigoros vor, wenn sie engagiert werden. Die Münchnerin Birgit Medele, die eine solche Organisation in London leitet, sagt über diese Form der »Befreiungsinventur«: »15 000 Dinge besitzt jeder Mensch im Durchschnitt, die meisten bleiben für immer unbenutzt, nachdem sie einmal angeschafft wurden.« Sie behauptet: »Der Mensch kommt mit 200 Dingen ganz gut aus. Wer ab und zu mehr braucht, kann sich dies auch ausleihen.« Das bedeutet natürlich, sich von liebgewonnenen Besitz-Gewohnheiten zu verabschieden.

Es geht auch gar nicht so sehr darum, unseren Arbeitsraum, unsere Wohnung wieder aufzuräumen und wieder richtig bewohnbar zu machen. Es geht um uns selbst, um unsere Entfaltung, letztlich um unsere Freiheit. Viele Menschen glauben, sie brächten es nicht übers Herz, sich von wertvollen Dingen ihres alten Lebens zu lösen. Stellen wir uns zuerst einmal die einfache Frage, wie oft wir diese Dinge in den letzten zehn oder fünf Jahren wirklich benötigt haben.

Die meisten der Menschen mit weniger Inventar berichten, dass es ihnen besser geht als zuvor, dass sie sich befreit fühlen und wieder frei durchatmen können. Man denkt gar nicht mehr an den scheinbar schweren Verlust und genießt mehr, was man hat und braucht.

Einfacher leben – Ballast abwerfen

»Simplify your life« – einfacher leben: Das war und ist ein Bestseller unter den Ratgebern, geschrieben vom evangelischen Pfarrer und Experten für Zeit- und Lebensmanagement, Werner Tiki Küstenmacher. Spirituelle Impulse zu diesem Thema finden sich auch im Buch meines Mitbruders Anselm Grün »Einfach leben: Das große Buch der Spiritualität und Lebenskunst«. Der Erfolg dieser Bücher ist nicht verwunderlich, denn sie treffen in eine offene Wunde unserer Zeit: Alles wird immer noch komplizierter, komplexer, die Bürokratie hat sich längst nach ihren eigenen Gesetzen, »Parkinsons Law«, verselbstständigt, und auch die Computer, die unser Leben unterstützen, leichter machen sollen, bereiten uns stattdessen vielerlei andere, Zeit raubende Probleme.

Kein Wunder also, dass wir uns wieder nach einem »Ent-« sehnen, einem einfacheren, ent-komplizierten Leben. Wir wünschen uns nichts mehr, als unseren Kopf wieder freizubekommen, uns wieder zu ent-schleunigen, zu ent-rümpeln. Wir träumen von der (scheinbaren) Gelassenheit unserer Kindheit und Jugend und wollen, dass wir alles wieder in den Griff bekommen, dass alles wieder leichter und überschaubarer ist. Eine trügerische, romantische Hoffnung, eine Illusion sogar? Wir suchen nach Wegen, vom äußeren, fremdbestimmten Menschen wieder zu unserem Inneren, zu unserer Mitte zu kommen. Wir wollen wieder Freiheit atmen.

Losgelassen sein

Vor der Lebenskunst, die uns zur Freiheit führt, steht, wie wir gesehen haben, eine Art Entschlackungsprozess, die Kunst des Loslassens. Viele Wege führen zu dieser höheren Form der Lebenskunst, und sie sind, wie eine Bergwanderung, zuweilen steil und steinig. Wenn wir den Gipfel erreicht haben, ist der Lohn dann freilich überreich: die Freiheit des Losgelassen-Seins. Darin stecken die Gelassenheit und der freie, unverstellte Blick auf das Leben.

Mönchisches Leben nach der Benediktsregel ist ein Weg in die Freiheit. Ich sage bewusst *ein Weg*, weil diese alternative Lebensweise auch außerhalb eines Klosters ausgeübt werden kann. Dabei denke ich nicht nur an die zahlreichen *Oblaten* des heiligen Benedikt, also an Frauen und Männer, die ihr privates Leben in freiwilliger Selbstbestimmung nach der Benediktsregel ausrichten, sondern selbstverständlich auch an die Schwestern und Brüder der anderen christlichen Orden und an die unbekannte, aber sicher große Zahl der Menschen, die nach selbst gegebenen christlichen Grundsätzen leben. In meinem Buch »Von den Mönchen lernen« bin ich näher auf diese Lebensformen eingegangen.

Uns Benediktinern ist die Regel nach dem heiligen Benedikt von Nursia aus dem 7. Jahrhundert (die zu Teilen auf der noch älteren Regula Magistri beruht) eine seit nunmehr 1 500 Jahren bewährte Leitlinie. Sie verbindet auf erstaunlich aktuelle Weise die Erkenntnis und Weisheit der Antike mit den notwendigen Anpassungen an die jeweilige Zeit. Für mich ist sie immer wieder eine Quelle der Inspiration für das geistliche Leben wie auch für das tägliche Leben mit allen seinen Problemen.

Zur Benediktsregel, die dem Leben einen festen Halt und Rahmen in lebenslanger Bindung an ein Kloster gibt, kommen bei der ewigen Profess die drei Gelübde der Armut, des klösterlichen Lebenswandels und des Gehorsams. Ich kann mir gut vorstellen, dass für viele, möglicherweise sogar die meisten unter Ihnen, die Benediktsregel und die Ordensgelübde wie unzumutbare Einschränkungen ihrer persönlichen Freiheit erscheinen mögen. Für einen Mönch, der sich freiwillig, mit Gottes Gnade, für das Mönchsleben eines Benediktiners entschieden hat, sind Regel und Gelübde aber genau das Gegenteil: die Schlüssel zu einem ewigen Leben in Freiheit. Für viele ist diese Entscheidung der Aufbruch zu einem neuen Leben und zugleich zur Lebenskunst des Loslassens.

Aufbrechen und loslassen: Frei werden

Lassen Sie mich beides – Aufbruch und Loslassen – näher erklären. Diese Lebenskunst, die eine so entscheidende Voraussetzung ist für eine nachhaltige, freie Lebensweise, bezieht für uns Benediktiner ihre Wurzeln aus unserem Gelübde der Armut und Besitzlosigkeit.

Dieses Gelübde befreit uns von dem Zwang, materiellen Besitz und Vermögen anzuhäufen, die man am Ende des Lebens doch wieder loslassen muss. Die Bibel erzählt uns an vielen Stellen von der Entscheidung für oder gegen den Mammon und von der Abhängigkeit, in die Geld und Besitz führen. Im Lukas-Evangelium (Lk 9,1-6) heißt es zur Aussendung der 12 Apostel:

»Dann rief er die Zwölf zu sich und gab ihnen die Kraft und die Vollmacht, alle Dämonen auszutreiben und die Kranken gesund zu machen.

Und er sandte sie aus mit dem Auftrag, das Reich Gottes zu verkünden und zu heilen.

Er sagte zu ihnen: Nehmt nichts mit auf den Weg, keinen Wanderstab und keine Vorratstasche, kein Brot, kein Geld und kein zweites Hemd.«

Wir können uns dieses Bibelwort am besten in seiner symbolischen Aussage vorstellen: Nach unseren Lebenserfahrungen wäre die Forderung *»Nehmt nichts mit auf den Weg, keinen Wanderstab und keine Vorratstasche, kein Brot, kein Geld und kein zweites Hemd«* wörtlich genommen gewiss ein schlechter Rat, völlig unrealistisch. Wir würden wahrscheinlich nach einer Woche mittellos auf der Straße leben und der Obdachlosenfürsorge anheimfallen. Deshalb ist es notwendig, die Bildersprache der Bibel auf ihren tieferen Sinngehalt hin zu übersetzen. Sie empfiehlt uns: »Belastet euch nicht unnötig, vertraut auf Gott, der euch gesandt hat, auf euch selbst und eure Bestimmung.«

Die Bibel will uns aber auch sagen: »*Brecht auf, lasst los, schaut nicht zurück, blickt nach vorne, in die Zukunft.*« Nach diesem Vorbild sind auch unsere Missionare vor 130 Jahren von Sankt Ottilien aus mit Begeisterung und Idealismus nach Afrika und später nach Asien aufgebrochen, um zu verkünden, auszubilden, aufzubauen und zu helfen, ohne Land, Leute und Sprache zu kennen.

Der One-Click-Falle entkommen, oder: Brauch ich das wirklich?

Die oft überflüssigen Geschenke-Orgien zu Weihnachten verdeutlichen uns jedes Jahr: Wir haben genug. Genug von allem. Die Schränke sind voll. Der Kopf auch. Entmüllen ist ein erster Schritt zu mehr Gesundheit im neuen Jahr. Wer weniger hat, muss sich auch um weniger kümmern. So bleibt Zeit für mehr Sport, zum Lesen, vor allem aber zum Regenerieren, den wichtigsten Faktoren für ein glücklicheres Leben. Das Problem: Der geplante Konsumverzicht fällt in der ersten Woche des neuen Jahres noch ganz leicht, man zehrt halt noch vom Fest.

Aber dann brechen die alten Gewohnheiten wieder durch. Und die One-Click-Bestellung ist ja so verlockend. Deswegen könnte der schlauere Vorsatz lauten: Nur noch im realen Geschäft kaufen. Und mit Bargeld bezahlen, also diesen bunten Papierstücken, von denen sich der Mensch so ungern trennt.

Die Gefahr ist tatsächlich für viele von uns groß, dass wir uns in der Kauf- und Besitzfalle so verfangen, dass wir uns nicht mehr daraus befreien können. Es ist eine Falle, die wir uns selbst gestellt haben und die uns letztlich den Weg verstellt, unser Lebensziel zu finden. Ist es überhaupt möglich, das Rad wieder in die richtige Richtung zu drehen?

Es ist möglich, wenngleich häufig nur unter Zwang und Leidensdruck. Auch hier hilft am besten die Schrittmethode: Nehmen Sie sich einfach vor, spätestens ab dem 60. Lebensjahr, Ihren Haushalt jährlich um, sagen wir, fünf Prozent zu entrümpeln. Das wäre doch möglich, und zwar umso leichter, wenn Sie all die Dinge entsorgen, die Sie in den vergangenen fünf Jahren nicht mehr benutzt haben. In zehn Jahren sind Sie dann um etwa ein Drittel schlanker, leichter. Und vor allem: befreiter.

Unser Vorsatz: Fünf Prozent minus jährlich. Das schaffen wir! Und es wird uns mit Stolz erfüllen. Fragen wir uns einfach immer wieder: Brauchen wir das wirklich?

Sprüche über gute Vorsätze (8):

»Herr, gewähre mir, dass ich immer mehr wünsche, als ich vollbringen kann.«
Michelangelo Buonarroti

WIE WIR ZEIT GEWINNEN – FÜR UNS SELBST

Mehr Zeit haben – das wollen wir alle. Nur warum schaffen wir das nicht? Weil wir täglich viel Zeit verschwenden: beispielsweise mit dem Smartphone, welches für viele Menschen – Sie können es überall beobachten – zum scheinbar überlebensnotwendigen, jedenfalls unverzichtbaren Gegenstand geworden ist.

Müssen wir immer, Tag und Nacht, daheim und unterwegs online sein? Müssen wir wirklich jede Mail oder SMS sofort und überall beantworten?

Natürlich nicht. Das spart Zeit und schont uns, weil wir uns nicht jeden sinnlosen Stress zumuten. »Digital Detox« – digitale Entgiftung – heißt das dafür kreierte Wort, und es hat mit behutsamer Suchttherapie zu tun. Natürlich muss man das Handy nicht gleich wegwerfen. Aber die »Öffnungszeiten« lassen sich optimieren.

Müssen wir wirklich direkt nach dem Aufstehen die oft überflüssigen Mails im Netz einsehen? Natürlich nicht. Also lautet der gute Vorsatz: Morgens mindestens 15 Minuten eigene Zeit, egal ob zum Dösen, Musikhören oder Gymnastikmachen. Und erst beim Schließen der Haustür in den Immer-erreichbar-Modus übergehen.

Ihr PC kann selbstverständlich, außer Mails zu empfangen und zu senden, noch Nachrichten über viele

Kanäle verarbeiten und Ihre Bankgeschäfte abwickeln. Aber müssen Sie wirklich den ganzen Tag online sein, oder reicht ein Überblick, der Sie höchstens eine halbe Stunde Zeit kostet? Natürlich reicht das. Nur wir sind doch die Herren oder die Herrinnen unserer Zeit und bestimmen, wann wir erreichbar sind. Einmal nicht erreichbar zu sein, bedeutet im schlechtesten Fall, zu entscheiden, wer eine Reaktion wirklich braucht.

Ein Übriges: Schicken wir den Router fürs heimische WLAN per Zeitschaltuhr spätestens um 22 Uhr einfach in den Ruhestand. Und den Fernseher gleich mit. Und dann noch eine Viertelstunde gemütlich um den Block marschieren. Wir wundern uns, wie viel Zeit wir auf einmal haben. Wir allein sind auch bei der Nutzung der elektronischen Medien die Schmiede unseres Glücks.

Mit diesen einfachen Verzichtsübungen wird unser Leben wieder entspannter, und wir schaffen uns erholsame Rückzugsräume.

Zeitmanagement heißt, den Tag zu strukturieren

Was hat Zeitmanagement mit unseren guten Vorsätzen zu tun?

Das hängt eng zusammen mit unseren Zielen.

Wenn wir Ziele haben, wenn wir also wissen, was wir bis wann erreicht haben wollen oder sollen, fällt uns die Entscheidung leichter.

Mit Zielen können wir besser abwägen, ob eine Aufgabe oder eine Tätigkeit wichtig ist. Und damit auch, mit welchem Tempo und welcher Intensität wir unsere Vorsätze und Ziele verfolgen.

Es liegt letztlich an uns, ob wir uns vom Tempodiktat unseres Computers mitreißen lassen oder ob wir ihn als Werkzeug benutzen, ausschließlich als Werkzeug. Was wir uns einfach auferlegen sollten, ist eine Art inneres Tempolimit und ein Innehalten, um durchzuatmen und frische Kraft zu schöpfen. Zu den Methoden, die uns darin unterstützen, gehören ein Zeitmanagement, das Zeit und Raum lässt für schöpferische Pausen, und eine klare Tagesstruktur, die wir Benediktiner seit 1 500 Jahren praktizieren und die vom Wechsel zwischen Arbeit und Gebetspausen, von Spannung und Kontemplation, bestimmt wird. Stress und zu hohes Tempo werden dadurch immer wieder quasi ausgebremst.

Zeitmanagement, oder, wie es früher hieß, Zeitplanung, das bedeutet nach der benediktinischen Lebensweise auch, Prioritäten zu setzen, Wichtiges von weniger Wichtigem unterscheiden zu lernen.

Fragen wir uns: Was ist heute, in dieser Lebensphase, wirklich von Bedeutung für mich? Wer oder was treibt mich? Brauche ich gerade jetzt nicht mehr Zeit, nachzudenken, mich zu konzentrieren, statt einfach »weiterzuwursteln«?

Zeit ist unwiederbringlich, und die Kunst, sie zu nutzen, sinnvoll zu nutzen, ist wahre Lebenskunst. Wir können ihren Wert nur erfassen, wenn wir lernen, sie richtig einzuteilen und uns von unwichtigen »Zeitdieben« möglichst zu trennen.

Weil uns das aber immer weniger gelingt, je mehr wir im öffentlichen Leben stehen, hilft uns auch hier die Kunst der Unterscheidung. Fragen Sie sich: Hat das nicht Zeit bis morgen? Brauche ich nicht noch Zeit nachzudenken, mehr Informationen, um diese Frage, dieses Problem, wirklich kompetent lösen zu können? Es schadet nie, eine Nacht darüber zu schlafen, bevor wir uns entscheiden.

Scheuen wir uns auch nicht, die Notbremse zu ziehen. Aber wenn wir das Gefühl haben unterzugehen – und nur dann! –, versuchen wir, für einige Aufgaben und Termine einen Aufschub zu erwirken. Das heißt aber nicht, Aufgaben generell aufzuschieben!

Meiner eigenen Erfahrung nach ist das meistens problemlos möglich. Oft reicht nur ein freundlicher Anruf bei dem Auftraggeber oder der zuständigen Person. Und schon hat man wieder etwas Luft.

Let-it-be statt To-do

Eine ebenso einfache wie logische Methode, Zeit zu sparen, empfiehlt der Münchner Zeitforscher Jonas Geißler. Vermeintlich wichtige Dinge einfach wegzulassen. Wir sollten einfach wieder lernen, Dinge auch einmal zu verpassen. Dafür könnten wir statt der berühmten »To-do-Liste« nach einer »Let-it-be-Liste«

arbeiten. Auf diese Liste schreibt man dann, was man alles weglassen kann. Beispielsweise Computerspielen oder Einkaufen im Kurzstreckenbereich mit dem Auto.

Die älteste Methode des Zeitmanagements stammt übrigens von Gott selbst, und sie ist in der Schöpfungsgeschichte (Genesis) nachzulesen:

»Am siebten Tag vollendete Gott das Werk, das er geschaffen hatte, und er ruhte am siebten Tag, nachdem er sein ganzes Werk vollbracht hatte. Und Gott segnete den siebten Tag und erklärte ihn für heilig, denn an ihm ruhte Gott, nachdem er das ganze Werk der Schöpfung vollendet hatte.« (Gen 2,2-3)

Gönnen wir uns den Sonntag oder einen freien Tag in der Woche, den wir für unsere Freunde, Familie, Hobbys oder andere schöne Dinge nutzen. An diesem freien Tag sollten wir weder arbeiten noch die nicht erledigten Tätigkeiten der aktuellen Woche nachholen, sondern diese Aufgaben auf unsere Checkliste der anstehenden Aufgaben stellen.

Ruhen wir uns an diesem freien Tag einfach aus, tanken wir neue Energie, um voller Elan in die neue Woche zu starten.

Erinnern wir uns, bevor wir vom Virus des Multitaskings infiziert und vom Tempo unserer Zauberlehrlinge Computer und Smartphone überrollt werden, auch der Jahrtausende alten Lehren und Weisheiten der Meditation und des Gebets. Mir hilft beides, mich wieder einzupendeln, wenn Chaos und Hektik drohen.

Die Psalmen, dieser unerschöpfliche Fundus des Dialogs mit Gott in allen Lebenslagen, bringen mich dann wieder zur Ruhe, im unerschütterlichen Vertrauen auf den ruhigen Gott. Im 62. Psalm, dessen Eingangsvers mich hier inspiriert hat, steht dann auch:

»Vertrau ihm, Volk Gottes, zu jeder Zeit! Schüttet euer Herz vor ihm aus! Denn Gott ist unsere Zuflucht.«

Sprüche über gute Vorsätze (9):

»Geht es doch unseren Vorsätzen wie unsern Wünschen: Sie sehen sich gar nicht mehr ähnlich, wenn sie ausgeführt, wenn sie erfüllt sind.«
Johann Wolfgang von Goethe

Das Tempo herausnehmen, im Gleichmaß leben

Welche Bezüge haben diese Betrachtungen zum Phänomen Stress und sinnvolle Lebensgestaltung zu unserem Leitthema »Gute Vorsätze«?

Gute Vorsätze sind stets in die Zukunft gerichtet, in unsere persönliche Zukunft, die wir mit ihrer positiven Kraft als frohe, gesunde Menschen besser bewältigen wollen.

Seit langem beobachte ich mit zunehmender Sorge und werde in vielen Gesprächen darin bestätigt, dass viele berufstätige Menschen mit dem hohen Tempo unserer Zeit nicht mehr schritthalten können. Sie bleiben zurück und leiden darunter. Sie geraten in die Situation, dass sie sich abgehängt fühlen und scheinbar nicht mehr leistungsfähig genug sind.

Es ist gewiss keine Floskel, wenn ich behaupte, dass unsere Zeit tatsächlich so schnelllebig, so hektisch ist wie wahrscheinlich keine zuvor. Die Veränderungen, die früher im Laufe von Generationen kontinuierlich geschehen sind, laufen heute in großen Schritten während unserer Lebenszeit ab. Wir sind zu Getriebenen geworden.

»Eins zwei drei im Sauseschritt, läuft die Zeit, wir laufen mit«, dichtete zwar Wilhelm Busch bereits im scheinbar so gemütlichen 19. Jahrhundert, doch so einfach steht es um die Anpassungsfähigkeiten von uns Menschen dann doch nicht. Da ist einerseits eine menschlich verständliche Zurückhaltung den Veränderungen gegenüber mit all ihren Unwägbarkeiten, andererseits sollte man die Psyche des Menschen auch nicht überfordern.

Das Tempo und die Innovationsgeschwindigkeit vor allem der medialen Kommunikation zwingen uns dazu, mehr zu reagieren, statt zu agieren. Wenn wir allerdings diese Handlungshoheit aus der Hand geben, nähern wir uns bedrohlich dem Chaos.

Deshalb diese Anmerkungen zum aktuellen Thema Zeitplanung und Stressbewältigung.

So gewöhnen Sie sich das »Multitasking« ab

Zu den neuen Wortschöpfungen der Gesellschaft der Getriebenen zählt »Multitasking«: Mehrere Aufgaben werden gleichzeitig bearbeitet. Es ist eine typische Erscheinung des Computer-Zeitalters. So, wie man beim Windows-Betriebssystem gleichzeitig mehrere Fenster öffnen kann, um mit Word und Excel zu arbeiten, und in anderen Fenstern gleichzeitig Nachrichten verfolgen und womöglich noch sein Lieblingsgame spielen kann – Multitasking ist einer dieser Stresstreiber, die krank machen können. Der italienische Journalist Francesco Cirillo hat gegen die zeitgeistige Krankheit des Multitasking übrigens eine probate Methode entwickelt. In den 80er Jahren litt er darunter, dass es ihm nicht gelang, sich auf sein Studium zu konzentrieren. Sobald er sich über seine Bücher beugte, wanderten seine Gedanken in die Ferne, oder seine Mitbewohner lenkten ihn ab. Irgendwann wurde es ihm zu bunt. Er stellte eine Küchenuhr (diese war aus Plastik und hatte die Form einer Tomate, ital.: Pomodoro) auf seinen Schreibtisch, stellte sie auf zehn Minuten ein – und beschloss erst mit dem Lernen aufzuhören, wenn die Uhr klingelte. Und siehe da: Es klappte. Nach einer kleinen Pause wiederholte Cirillo diesen Ablauf. Die Pomodoro-Technik war geboren!

Inzwischen hat sich die Pomodoro-Technik über die ganze Welt verbreitet. Kein Wunder, denn sie hilft gegen die zwei Seuchen der modernen Arbeitswelt: das Multitasking und die Überforderung durch pausenloses Schuften. Überhaupt bestimmt die zunehmende, unglaubliche Geschwindigkeit von Prozessoren, Programmen und Internet-Hochgeschwindigkeitsleitungen immer mehr unseren Lebensrhythmus. Es ist ein Segen und Fluch zugleich – ich bin darauf bereits im Kapitel »Medienkonsum« eingegangen. Cäsar hatte übrigens bereits eine ähnliche Methode, um Affekthandlungen und daraus entstehenden Stress zu vermeiden: Er zählte innerlich bis 20, bevor er auf schwierige Situationen reagierte.

Sprüche über gute Vorsätze (10):

»Mach im Moment alles, so gut du kannst, nimm dir trotzdem vor, es noch besser zu machen.«

Dr. Ebo Rau, deutscher Mediziner

GEHEN SIE NICHT ÖFTER
IN DIE KIRCHE!

Ein Mönch, ein Geistlicher, will Ihnen dies ernsthaft raten? Das ist vielleicht die gröbste und größte Provokation in diesem Buch.

Dies umso mehr, als ich eher vermute, dass Sie als Christ und Leser dieses Buches die Gottesdienste regelmäßig besuchen. Nicht nur an Ostern, Pfingsten und Weihnachten, sondern auch, wann immer Sie das Bedürfnis haben, Gottes Wort in einer Gemeinde zu hören und die Eucharistie zu empfangen.

Gottesdienst ist mehr als Dienst an Gott. Gottesdienst ist die Begegnung mit Gott, das Spüren seiner Gegenwart. Gottesdienst ist kein passives Dabeisein. Es ist Freude an der Gemeinschaft mit Gläubigen, am Mitmachen, am Mit-hinein-genommen-Sein und -Werden. Es ist Freude am Singen, ein Erlebnis, der Höhepunkt des Tages und der Woche.

Gottesdienst kann nie nur Routine sein, Pflicht oder gar gesellschaftliches Event. Gottesdienst ist eine Feier, eine heilige Handlung und an den Hochfesten auch ein theatrum sacrum, ein heiliges Theater. Es soll uns in Hochstimmung versetzen und mit Chorgesang, Orchesterbegleitung und Chormusik auch ein musikalisches Fest sein.

Um Missverständnissen keinen Raum zu geben: Unsere Kirchen stehen jedem offen, unabhängig von

Glaube und Religion. *Porta patet, cor magis* – Die Tür steht offen, das Herz noch mehr. Sie sind überall und fast jederzeit herzlich willkommen. Zur persönlichen Andacht, zum Beten und Meditieren.

Besonders in den lärmenden und hektischen Fußgängerzonen der Städte sind die Kirchen Rückzugsräume der Besinnung auf sich selbst und der Hinwendung zu Gott in seinem Haus. Wenn ich in der Münchner Innenstadt bin, zieht es mich jedes Mal in die Bürgersaalkirche, zum Grab des nicht nur in der Stadt verehrten seligen Paters Rupert Mayer SJ. Wir dürfen und sollen uns dort, wie überall, in seinem Haus zu Hause fühlen, angekommen sein.

So bin ich selbst überall bei Gott zu Hause. In der südkoreanischen Metropole Seoul stand ich einmal vor der neugotischen Myeongdong-Kathedrale, die vor mehr als 100 Jahren von französischen Missionaren erbaut wurde. Sie hatte als eines der wenigen älteren Bauwerke den Krieg in den 1950er Jahren überstanden und wirkte inmitten der gewaltigen Bürohochhäuser ringsum in der City seltsam verloren.

In der Kirche war ich überrascht, viele betende junge Menschen zu sehen, und mein Begleiter sagte zu mir: »Hier ist einer der wenigen Rückzugsorte in der Stadt, wo die gestressten Menschen noch Ruhe und Frieden finden können. Es sind nicht nur Christen, die hierherkommen.« Dabei musste ich unwillkürlich an eine Begegnung in der St.-Patricks-Kathedrale in Manhattan denken, wo mich eine Frau ansprach, die ein Beichtgespräch suchte. Die Suche, der Hunger nach dem Spiritus Loci, nach der Nähe zu Gott, ist in allen Riesenstädten, ob New York oder Seoul, offenbar riesengroß.

Zu den erfolgreichsten Plattformen im Internet zählen die privaten Vermietungsangebote, die überall auf der Welt Wohnungen auf Zeit anbieten. Wir Benediktiner, wie auch unsere Brüder vom Zisterzienserorden, üben diese Gastfreundschaft bereits seit vielen Jahrhunderten – in der Regel heute mit Anmeldung. Die Gastfreundschaft ist in der Benediktsregel festgeschrieben.

Wir pflegen dies im Bewusstsein, dass das Haus Gottes, seine Wohnungen, für uns alle da sind, wie uns die wunderbaren Worte aus dem Johannes-Evangelium zusagen, die natürlich nicht nur für uns Mönche gelten:

»*In meines Vaters Hause sind viele Wohnungen. Wenn es nicht so wäre, so wollte ich zu euch sagen: Ich gehe hin, euch die Stätte zu bereiten.*« *(Joh 14,2)*

Es gibt unzählige Gründe, Kirchen zu besuchen, im Haus Gottes zu verweilen. An Gottesdiensten teilzunehmen, und zwar nicht nur passiv teilzunehmen, sondern mitzufeiern, Gemeinschaft zu erleben, ist jedoch der eigentliche Sinn von Kirche. Wer einmal eine spirituelle Gemeinschaft in einer Kirchengemeinde gefunden hat, kommt gern und regelmäßig wieder. Ich kenne viele Christen, die dafür jeden Sonntag viel Zeit aufwenden und lange Wege zurücklegen, um mit anderen zu feiern.

In meiner Begeisterung für gemeinschaftlich gelebten Glauben werde ich Sie wahrscheinlich kaum noch mehr darin bestärken können, am Gottesdienst teilzunehmen oder ihn sogar mitgestalten zu helfen als Lektor oder Fürbitter. Und dies ganz ohne gesellschaftlichen Zwang, wie der früher oft üblich war. Wir haben die Freiheit, unsere Beziehung zu Gott so zu leben, wie wir es für richtig halten.

Deshalb die Provokation am Beginn dieses Kapitels. Wenn Sie in die Kirche gehen, zu Gott kommen, dann aus Ihrer inneren Haltung heraus. Die Begegnung mit Gott wird so zum Teil Ihrer Selbstwahrnehmung, Ihrer persönlichen Beziehung zu Gott.

Dann kommen Sie mit Freude und gehen mit Gott den richtigen Weg.

Sprüche über gute Vorsätze (11):

»Lass niemals einen Tag vorübergehen, ohne dass du zu dir sagst: ›Morgen soll ich es besser machen‹.«
Brigham Young, Mormonenprediger

SPENDEN SIE NICHT!

Bitte lesen Sie auch dieses Kapitel weiter, selbst wenn Sie sich erneut von einem scheinbaren Widerspruch provoziert fühlen. Denn Spenden, vielleicht genauer gesagt: *Teilen,* ist ganz gewiss eine der edelsten Tugenden von Menschen, gleich welchen Glaubens.

Warum also sollten wir *nicht* spenden, *nicht* teilen?

Wir sollten *nicht* spenden, wenn wir damit nur unser schlechtes Gewissen beruhigen wollen.

Freuen wir uns vielmehr, dass wir spenden *dürfen.*

Denken wir darüber nach, wem wir mit unserer Spende helfen, was wir ganz persönlich mit einer Spende erreichen können.

Und spenden wir nicht nur einfach Geld, sondern bringen wir uns ein, engagieren wir uns zusätzlich aktiv, mit Zeit, Wissen und Können, das wir weitergeben können. Ich denke dabei spontan an die überwältigende Hilfe von vielen Münchnerinnen und Münchnern bei der Ankunft von vielen Tausend Flüchtlingen im September des Jahres 2015. An die Vielen, welche ehrenamtlich Sprachunterricht erteilten, damit sich die hilflosen Flüchtlinge besser zurechtfinden und schneller integrieren konnten. Und an die vielen sportlichen älteren Herren, die in Ihrer Freizeit Jugendliche in Spielkunst und Taktik von Ballspielen trainieren und darin selbst Lebensfreude finden.

Das ist praktizierte Nächstenliebe. Und auch das ist gewiss: Davon profitieren nicht nur die Menschen, denen wir diese Nächstenliebe schenken. Davon profitieren wir selbst. Wir beschenken uns selbst. Wer diese Erfahrung einmal gemacht hat, wird sie nicht mehr missen wollen. Ich habe dies selbst und in vielen Gesprächen mit ehrenamtlichen Helfern erfahren.

Der Islam kennt übrigens ein obligatorisches, verpflichtendes Almosen, den »Zakat« (übersetzt: Läuterungsabgabe), der in der Regel jährlich in einer Höhe von 2,5 Prozent des Güterwertes eines Haushaltes erhoben wird, in einigen Ländern wie Saudi-Arabien, Pakistan und Malaysia vom Staat direkt, in anderen freiwillig. Auch für den Zakat gilt die Zusage Allahs, dass dem Spender im irdischen und himmlischen Leben Gutes zuteil wird.

Wir werden lernen müssen zu teilen

In der Schöpfungsgeschichte der Bibel lesen wir: »*So sprach Gott zu Adam und Eva: Seid fruchtbar und mehret euch, bevölkert die Erde und unterwerft sie euch.*« Dieser Satz aus dem Alten Testament wird der Kirche oft angekreidet als Auslöser einer hemmungslosen Ausbeutung der Natur. Doch gemeint ist: »als Kulturland in Besitz nehmen, dienstbar oder urbar machen«, nicht: »untertan machen« im Sinne von »ausbeuten« oder »unterjochen«.

»*Seid fruchtbar und mehret euch*«, das bezieht sich auf das ganze menschliche und gesellschaftliche Wachstum. Niemand kann die Zukunft zuverlässig vorhersehen. Auch Zukunftsforscher arbeiten mit begrenzten Denkmodellen und Instrumentarien. Dasselbe gilt für die Schicksalsfragen der Menschheit. Zu viele Unwägbarkeiten prägen unser Leben, und immer wieder müssen wir erkennen, dass wir eben nicht immer die Schmiede unseres Glückes sind, die Gestalter aller Dinge, sondern dass wir anderen Mächten ausgeliefert sind.

Diese demütig machende Erkenntnis gilt auch für die Demografie. Wir können zurückblicken in die Vergangenheit und stellen dabei erstaunt fest, dass die Bevölkerung der Erde sich innerhalb von nur zwei überschaubaren Generationen verdoppelt hat, von dreieinhalb auf mehr als sieben Milliarden Menschen. Zum Vergleich: In der Zeit Napoleons, um 1810, zählte die Menschheit erstmals mehr als eine Milliarde.

Dies muss jedoch nicht zwingend eine maßstäbliche Betrachtung für die Zukunft sein. Natürlich ist die Frage nach der Entwicklung der Weltbevölkerung in einer von uns überschaubaren Zeit – sagen wir in diesem Jahrhundert – von wesentlicher Bedeutung für die kommenden Generationen, und zwar nicht nur in wissenschaftlicher und wirtschaftlicher, sondern auch in religiöser Hinsicht.

Denn die Religionen werden enger aufeinandertreffen und lernen müssen, im gegenseitigen Dialog für eine gemeinsame Zukunft zu arbeiten.

Wir werden enger zusammenrücken,
auch im interkulturellen Dialog

Sämtliche mathematischen Methoden der Prognostik müssen letztlich an der Nichtbestimmbarkeit unbekannter Faktoren scheitern. Auch lässt sich die Vergangenheit nicht unbedingt in die Zukunft fortschreiben und projizieren.

Wichtig ist, dass wir die gesamte Entwicklung der Menschheit viel differenzierter analysieren und betrachten, nach Kulturen ebenso wie nach Regionen, nach Herrschaftsformen wie Demokratie oder Diktatur ebenso wie nach gesellschaftlichen Gruppen. Wie auch immer wir die Entwicklung aber betrachten, wir tun gut daran, unsere abendländische oder gar deutsche Brille abzunehmen und eine globale Sichtweise einzunehmen, denn wir werden in jedem Fall enger zusammenrücken müssen und lernen zu teilen.

Ein Blick auf die Entwicklung der Weltbevölkerung zeigt den größeren Rahmen. Während lange ein unendliches Bevölkerungswachstum befürchtet wurde, geht die UNO heute davon aus, dass ab Mitte des 21. Jahrhunderts bei schließlich neun Milliarden Menschen der Zenit erreicht ist, und dann, weil die Geburtenrate weltweit im Schnitt unter zwei Kinder fallen wird, die Weltbevölkerung ganz von selbst zu schrumpfen beginnen wird (Berlin-Institut für Bevölkerung und Entwicklung). Aber auch hier gilt: Dies ist eine von mehreren möglichen Annahmen – wir haben keine gesicherten Erkenntnisse.

Einen größeren Bevölkerungsdruck auf das Abendland – von innen und von außen – können wir wohl als Vorboten der sich abzeichnenden starken Bevölkerungsentwicklung spätestens bis zur Mitte unseres Jahrhunderts hin annehmen.

Selbst wenn die Prognosen stimmen und kein Zuwachs mehr erfolgt, sollte es uns vor allem zu denken geben und aufrütteln, dass heute, nach einem UNO-Bericht, noch immer 1,4 Milliarden Menschen in bitterster Armut leben. Noch immer verhungern jeden Tag mehr als 20 000 Menschen. Dies ist die größte Schande unserer Zeit.

Die Ursachen für diese humanitäre Katastrophe sind, abgesehen von den klimatischen Faktoren, menschengemacht: Schadstoffemissionen, Kriege und religiöser Fanatismus. Wir sind auch dann dafür mitverantwortlich, wenn wir nicht selbst direkt beteiligt sind. Die weltweite Luftverschmutzung wird schließlich vor allem von den Industrienationen der nördlichen Hemisphäre verursacht.

Wir treiben in Südamerika Raubbau an der Natur, vor allem am Regenwald, der für unser Klima so wichtig ist, und exportieren sogar unseren Giftmüll in die armen Regionen Afrikas und gefährden dort die Gesundheit der Bewohner.

In gewisser Weise führen wir einen nicht erklärten Wirtschaftskrieg – Nord gegen Süd und Reich gegen Arm – und tun so, als sei dieses schicksalshaft: Wir stehen auf der einen Seite, Glück gehabt, und die auf der anderen Seite, Pech gehabt. Welche blasphemische Sicht der Dinge!

Solange wir diese Armut, die für so viele ein unsicheres, perspektivloses Leben ohne Menschenwürde bedeutet, nicht wirklich aus der Welt schaffen, werden wir auch keinen Frieden in der Welt haben: weder politisch noch religiös.

Papst Franziskus hat in seiner Enzyklika »Laudato si'« unmissverständlich dazu Haltung bezogen.

Sprüche über gute Vorsätze (12):

»Am Baum der guten Vorsätze gibt es viele Blüten, aber wenig Früchte.«
Konfuzius

DAS MÖGLICHE WAGEN, DAS UNMÖGLICHE DENKEN

Im Traum soll dem makedonischen Feldherrn Alexander (*356 v. Chr. in Pella/Makedonien, † 322 v. Chr. in Babylon, dem heutigen Bagdad), dem später das Attribut »Der Große« verliehen wurde, nach der Schlacht von Issos 333 v. Chr. in Kleinasien (der heutigen Türkei) die Vision eines Reiches erschienen sein, das weit über die damals bekannten Grenzen der Welt hinausging. Es sollte noch größer sein als das persische Achämeniden-Großreich, das mächtigste der damaligen antiken Welt.

Alexander befragte am nächsten Morgen seine Orakel, die Sterndeuter seiner Zeit. Die sagten ihm, es sei unmöglich, mit seiner Armee von 15 000 Kriegern größere Eroberungsfeldzüge zu unternehmen, die beispielsweise die Grenzen Persiens überschritten. Sie sagten ihm auch, er müsse zuerst das Mögliche wagen, um das Unmögliche, das ihm im Traum erschienen war, zu denken oder gar zu erreichen.

Die weiteren Feldzüge Alexanders sind geschichtlich dokumentiert: Er besiegte in mehreren Schlachten den Perserkönig Dareios, zog über den heutigen Irak und Afghanistan bis nach Indien, wo er bis dahin unbekannte Fürstentümer unterwarf und in seinen Herrschaftsbereich eingliederte. Er starb, 34-jährig, auf dem Rückzug in Babylon (Bagdad). Sein Grab, das eines der größten des Altertums gewesen sein soll, ist unbekannt. **127**

Warum dieser kleine geschichtliche Exkurs zu einer der schillerndsten Personen der Weltgeschichte?

Alexander, zu dem sein Vater Philippus vor seinem Tod gesagt haben soll: »*Geh, mein Sohn, und suche dir ein eigenes Königreich, das deiner würdig ist*«, wagte auf dieser Suche das Unmögliche, überschritt dabei, vor den Römern, sämtliche Grenzen seiner Zeit. Aber auch seine eigenen. Er kannte dabei, wie sein Lehrer Archimedes noch zu seinen Lebzeiten feststellte, keine Demut: »*Um ein wirklich Großer zu sein, fehlte es ihm an Mäßigung.*«

Damit kommen wir auf das dritte Kapitel zurück, und auf die Apollinischen Weisheiten der Griechen der Antike,

»*Erkenne dich selbst – Nichts im Übermaß*«,

die unser Ordensgründer Benedikt in seiner Regel immer wieder zitiert, und die vielleicht auch Alexander bekannt waren, zumindest seinen hellenischen philosophischen Beratern.

Der Feldherr Alexander hat auf seine Berater und das Orakel nicht gehört. Sein Traum von der Herrschaft über die antike Welt des Ostens scheiterte an seiner Maßlosigkeit. Spekulieren liegt mir eigentlich fern. Aber wenn ich über die Zeitläufte hinweg überlege: Wie hätte sich die damalige Welt entwickelt, hätte Alexander bei Issos entschieden: »Kleinasien ist genug, damit habe ich mein Reich um das Fünfzigfache vergrößert. Das muss ich erst einmal konsolidieren.«?

Hätte es dann jemals ein osmanisches Reich gegeben, oder die heutige Türkei? Oder den Krieg in Syrien? Hätte, hätte ...

Die Weltgeschichte kennt noch viele weitere Beispiele solchen Eroberungswahns: die Römer, die ihr Reich von West- und Südeuropa bis nach Kleinasien ausdehnten, bevor es in ein Ost- und Westreich mit den Zentren Rom und Konstantinopel zerfiel und sich schließlich ganz auflöste; das Frankenreich Karls des Großen, das in drei Teile zerbrach, das Frankenreich (Deutschland), das Merowingerreich (Frankreich) und Lothringen, und sich später im »Heiligen Römischen Reich Deutscher Nation« manifestierte.

Im Jahr 1241 erreichte das Reitervolk der Mongolen unter Dschingis Khans Enkel Batu Khan in der Schlacht bei Liegnitz Westeuropa und eroberte auch große Teile des heutigen China. Das Großreich zerfiel nach wenigen Generation wieder, auch und gerade weil es seiner schieren Ausdehnung wegen unregierbar war.

Aus der jüngeren Geschichte sind uns die gescheiterten Versuche Napoleon Bonapartes im 19. Jahrhundert und Hitlers im 20. Jahrhundert, West- und Osteuropa zu beherrschen, in schmerzhafter Erinnerung an pathologischen Größenwahn. Auch der Zerfall der Sowjetunion in den 90er Jahren des 20. Jahrhunderts zeigt die Grenzen unsinniger ideologischer Machtpolitik auf.

Allen selbsternannten großen Eroberern gemeinsam war die fehlende Kunst, sich selbst und ihre Möglichkeiten zu erkennen und richtig einzuschätzen. Auch deshalb stellt uns Benedikt die Tugend der Mäßigung, die Discretio, in allen Dingen zur Seite. Denn diese hilft uns, das Richtige nicht nur zu erkennen, sondern auch zu tun.

In unseren Träumen dürfen wir uns das Unmögliche vorstellen. Träume sind so frei, sie sind die Ventile unserer Vorstellungskraft. Etwas ganz anderes ist es, Träume in Vorsätze umzuformen. Vorsätze können nur auf dem Humus der Wirklichkeit wachsen und gedeihen. Sonst platzen sie früher oder später wie Luftballons.

Sie träumen von einer Villa mit Meerblick an der Côte d'Azur und sind doch glücklich, sich eine Zweizimmerwohnung in der Stadt mit Aussicht auf den schönen Kirchturm, mit Einkaufsmöglichkeiten ringsum und günstiger Verkehrsanbindung leisten zu können. Dann haben Sie Ihre Heimat bereits gefunden.

Sie träumen von einem schnellen Sportwagen und freuen sich dann doch über Ihren sparsamen Kleinwagen, mit dem Sie im Stau neben dem 300-PS-Flitzer nur ein Viertel dessen verbrennen, was dieser zum Schaden unserer Umwelt in die Luft bläst. Freuen Sie sich über Ihren Beitrag zum Umweltschutz.

Sie widerstehen den Angeboten Ihres Telekommunikations-Providers, Ihnen zweijährlich, oder gar jährlich, ein Smartphone mit mindestens fünf weiteren Funktionen und viermal so hoher Speicherkapazität für die teure Vertragsverlängerung zur Verfügung zu stellen, obwohl Sie bereits die zahllosen Apps auf Ihrem alten Handy kaum nutzen. Das ist zwar nicht im Sinne der Industrie, aber durchaus vernünftig und ressourcenschonend. Und Sie sparen sich eine höhere monatliche Telefonrechnung.

Es liegt mir fern, am Lebensstil mancher Mitmenschen herumzumäkeln, denn ich halte es eher mit der französischen Lebensweise des »Chacun à son goût«. Erlauben Sie mir dennoch einige Anregungen:

Sie gönnen sich am Feierabend gern einen guten Tropfen aus Bordeaux, einen Château Lafite Rothschild. Dafür geben Sie jedes Jahr einen mittleren vierstelligen Euro-Betrag aus. Dann stellen Sie Ihren Konsum um und trinken unter der Woche einen Pfälzer Spätburgunder und genießen nur noch an Sonn- und Feiertagen den teuren Bordeaux. Den Unterschied zum preiswerten Pfälzer Landwein empfinden Sie wohltuend. Die dadurch eingesparten 2000 € kommen der Caritas zugute, ohne Einbußen an Lebensqualität.

Sie stehen vor der Entscheidung, neue Wohnzimmermöbel mit oder ohne elektrisch verstellbare Rückenlehnen anzuschaffen. Der prestigeträchtige Luxus ist zwar vorzeigbar, aber überflüssig. Für den Preisunterschied von 1 500 Euro könnten Sie Ihrer Frau den lang ersehnten Erholungsurlaub auf einer Ostseeinsel bezahlen. Was ist Ihnen wichtiger?

Sie können diese – zugegebenermaßen – provozierend luxuriösen Beispiele natürlich auf Ihre Bedürfnisse herunterbrechen, auf die Kaufentscheidungen Ihres

Alltags, indem Sie sich einfach immer wieder diese einfachen Fragen stellen:

1. Brauche ich das wirklich?

2. Brauche ich es jetzt?

3. Habe ich dazu Alternativen in Preis und Qualität?

Man ist klug beraten, sich erst dann zu entscheiden, wenn die Antworten auf alle drei Fragen zufriedenstellend ausfallen. Dann schließen Sie auch keine faulen Kompromisse mit sich selbst, können im Zweifelsfall Ihre Kaufabsicht überschlafen und sich neu informieren.

Klug ist auch, sich nicht ständig von suggerierten Kaufzwängen zu voreiligen Entscheidungen antreiben zu lassen. Auch mit dieser Vorgehensweise können Sie die bescheidenen, möglichen Vorsätze fördern und dabei glücklicher und zufriedener werden.

Unter jungen Menschen gibt es inzwischen eine weltweite Bewegung: »No Deal«, die auf der einfachen Regel beruht, jede größere Kaufentscheidung einen Monat aufzuschieben. Mehr als die Hälfte dieser schnellen Kaufwünsche ist, so sagen die Initiatoren, nach dieser Zeit obsolet.

Sprüche über gute Vorsätze (13):

»Ich nehme mir zum neuen Jahr immer etwas Schlimmes vor, zum Beispiel: Ich will dieses Jahr mehr Fernsehen schauen. Wenn das am Ende nicht gelingt, fühlt man sich gut. Also solche Vorsätze, deren Nicht-Einlösen gute Gefühle erzeugt ...«

Elmar Schenkel, Philosoph

NICHT DER KÖRPER FOLGT DEN
VORSÄTZEN, NUR DER GEIST

Die Vorsätze mit der höchsten Fehler- und Frustquote sind: abnehmen, abnehmen, abnehmen, weniger rauchen, weniger rauchen, weniger rauchen und weniger Alkohol, weniger Alkohol, weniger Alkohol.

Die Ursache bei allen drei mehr oder weniger chronischen Gewohnheiten ist meist jahrelange körperliche Abhängigkeit, oft bis zur Sucht. Doch dahinter steht mehr. Wir Menschen sind ja, ob wir dies erkennen oder nicht, Einheiten aus Körper und Geist. Jeder Mensch ist eine psychosomatische Einheit.

Und dabei begegnen wir uns selbst als Phänomen, denn: Sich selbst etwas Gutes zu tun und gut zu sich zu sein, das ist oft gar nicht so einfach. Denn dazwischen stehen wir uns nicht selten selbst im Weg.

Jeder Mensch hat so seine Eigenarten, die er gerne ändern möchte und von denen er weiß, dass es ihm ohne sie besser ginge. Trotzdem schaffen wir es häufig nicht, diese alten Gewohnheiten loszuwerden. Eigentlich müssten wir annehmen: Je attraktiver das Ziel ist, umso einfacher ist es, den Vorsatz einzuhalten.

Seltsamerweise ist es aber nicht immer so!

Beispiel abnehmen: Eigentlich ist es etwas ganz Attraktives. Es entlastet den Körper, macht uns leistungsfähiger, schont die Gelenke, die Kleidung passt besser. Alles prima. Warum ist es dann trotz bester Diätpläne so schwer, den Vorsatz, weniger zu essen, einzuhalten?

Mit dem Rauchen aufzuhören hat viele Vorteile, weniger Alkohol verbessert die Qualität unseres Lebens, ein klärendes Wort ist befreiend. Sich nicht mehr so schnell aus der Ruhe bringen zu lassen, selbstbewusster aufzutreten, sich mehr Zeit für sich selbst zu gönnen, Dinge zu tun, die man schon immer machen wollte ... All das sind erstrebenswerte Ziele.

Warum fällt es uns dann so unendlich schwer, schlechte Gewohnheiten und Fehlentwicklungen zu reduzieren auf rein körperliche Ursachen? Gerade weil und wenn wir kopfgesteuert sind, können wir uns so schwer lösen von Suchtmitteln wie Alkohol und Nikotin, die sich in unserem Kleinhirn als Rezeptoren festgesetzt haben.

Aber wir können hoffen, denn

»Neue Wege entstehen, indem man sie geht«,

sagt eine alte chinesische Weisheit. Dies gilt besonders für die Neurophysiologie, die Gehirnforschung. Wenn wir Neues lernen und einüben, dann verbindet unser Gehirn Nervenzellen miteinander, synaptische Verbindungen nennt das die Wissenschaft. Dabei werden gewissermaßen neue neuronale Pfade im Gehirn angelegt. Und hier hat die Hirnforschung in den letzten Jahren Sensationelles entdeckt: Wir selbst können diesen Prozess beeinflussen und steuern.

Das funktioniert, vereinfacht gesagt, so: Indem wir unsere Aufmerksamkeit gezielt auf etwas lenken, beispielsweise darauf, die Zigarettenschachtel vor uns wieder wegzulegen, und dies immer wieder tun, können wir zu neuen Denkmustern und Verhaltensweisen kommen.

Nicht der Körper folgt den Vorsätzen, nur der Geist. Und der Geist ist niemals unser Gegner, sondern unser Freund, unser Verbündeter. Es ist gut, dies zu wissen, wenn wir unser Leben in einer gesunden Balance halten wollen. Der uns innewohnende Geist, das Gewissen, ist der Geist Gottes. Und Gott will, dass wir gesund und heil sind. Gesund und heil an Körper und Geist.

Als anfällige Menschen wissen wir aber auch um unsere Schwachheit. Gegen Gewohnheiten zu kämpfen, diese letztlich zu überwinden, ist eine ständige Herausforderung. Es ist der Kampf unseres Lebens, oft auch des Überlebens. Wir haben aber die Freiheit, diesen Kampf anzunehmen oder abzulehnen.

Wir können unsere Gewohnheiten besiegen

Und zwar mit der Kraft des Geistes. Unser Geist ist stärker als unser Körper. Wir müssen ihn nur wirken lassen. Unser Geist verfügt auch über die Abwehrkräfte und Instrumente, schädliche Gewohnheiten zu überwinden. Im nächsten Kapitel werden Sie mit einer der wirkungsvollsten und bewährtesten Methoden vertraut werden, Ihr Leben gleichsam umzupolen. Sie hat unzähligen Menschen geholfen, ihr Leben wieder in den Griff zu bekommen und mit Freude bewusst und selbstbestimmt zu leben.

Es ist der neue Geist der Freude an der eigenen Stärke, der uns beflügelt und jeden Tag als Geschenk erleben lässt. Wir leben ja aus Freude und der Hoffnung, dass unser Leben gelingt und wir dadurch auch zur Freude und Hoffnung für unsere Mitmenschen werden.

Haben Sie sich schon einmal bewusst gemacht, wie viel Sie durch Ihr Beispiel, Ihr Vorbild, bei Ihren Mitmenschen bewirken können? Zumindest Respekt. Mehr noch: Anerkennung und Zuneigung.

Auch für diese Fähigkeit braucht es nicht nur Gottes Gnade, sondern auch ganz irdische menschliche Vorbilder. Viele meiner Mitbrüder, in Sankt Ottilien und in unseren Klöstern weltweit, sind mir zu Vorbildern geworden.

Für mich war das in meiner Novizenzeit der damalige Prior Paulus Höger. Seine Besonnenheit und sein kluger Rat waren für mich besonders in meiner ersten Zeit als neugewählter Erzabt des Klosters Sankt Ottilien von höchstem Wert. Und er stärkte mir den Rücken, wenn er spürte, dass ich ihn brauche.

Vor meiner ersten Afrikareise zu unseren Missionsklöstern hieß es im Konvent: »Kaum ist der neue Abt im Amt, reist er schon.« Da nahm mich Paulus zur Seite und sagte: »Fahren Sie ruhig. Die Leute dort wollen Sie kennenlernen.« Das tat gut. Von ihm lernte ich viel

über die Kunst, Menschen zu führen nach dem bene-
diktinisch-humanistischen Ideal: »*Fortiter in re, suavi-
ter in modo*«: fest bleiben in der Sache, aber verbindlich
und versöhnlich in der Art und Weise. Vor allem aber:
zuhören, abwägen und moderieren.

Ein anderer Mitbruder, den ich bewunderte, war Pater
Philipp Lenz. Er war Missionar in China und hatte dort
als Autodidakt drei schwere Sprachen gelernt: Chine-
sisch (Mandschurisch), Japanisch und Koreanisch. Er
wollte mich nach seiner Rückkehr für China interessie-
ren, weil er glaubte, ich würde später einmal wichtige
Entscheidungen treffen können. Das war weitblickend.
Nach meiner Wahl zum Erzabt nahm er mich beiseite
und sagte: »So, nun kann ich gut sterben.« Das tat er
auch, wenige Tage später. Und tatsächlich sollte mich
China seit den 80er Jahren intensiv beschäftigen, bis
heute.

Zu meinen lebenslangen Freundschaften zählen auch
Lorenz Doppel, Christof Hieber und Christian Ries,
drei ehemalige Schüler des Rhabanus-Maurus-Gymna-
siums in Sankt Ottilien, die 1978 die Rockband »Feedback« gründeten, die mich später als Rhythmus-Gi-
tarristen und Querflötisten aufnahmen. Das hat der
Band dann auch erlaubt, Stücke von *Jethro Tull* wie
den *Locomotive breath*, *Smoke on the Water* von *Deep
Purple* und *Highway to Hell* von *AC/DC* ins Repertoire
aufzunehmen.

Die Musik und viele gemeinsame Auftritte und Kon-
zerte verbinden uns bis heute, über meine 16 Jahre
in Rom hinweg.

Sprüche über gute Vorsätze (14):

»*Der Tag ist die Stufe und der Monat die Leiter zu unseren Vorsätzen.*«
Alfred Rademacher, Aphoristiker

Im Kapitel »Das Unmögliche wagen, das Unmögliche denken« haben wir bereits erfahren, wie aus Träumen Weltgeschichte werden kann. Im Alten und Neuen Testament erfahren wir durch Traumgeschichten viele schicksalhafte Wendungen, beispielsweise im Traum des Pharao, im Jakobstraum und im Josefstraum.

Der Traum des Pharao (Gen 41,1-7)

»Zwei Jahre später hatte der Pharao einen Traum: Er stand am Nil. Aus dem Nil stiegen sieben gutaussehende, wohlgenährte Kühe und weideten im Riedgras. Nach ihnen stiegen sieben andere Kühe aus dem Nil; sie sahen hässlich aus und waren mager. Sie stellten sich neben die schon am Nilufer stehenden Kühe, und die hässlichen, mageren Kühe fraßen die sieben gut aussehenden und wohlgenährten Kühe auf. Dann erwachte der Pharao. Er schlief aber wieder ein und träumte ein zweites Mal: An einem einzigen Halm wuchsen sieben Ähren, prall und schön. Nach ihnen wuchsen sieben kümmerliche, vom Ostwind ausgedörrte Ähren. Die kümmerlichen Ähren verschlangen die sieben prallen, vollen Ähren. Der Pharao wachte auf: Es war ein Traum.«

Josef erkannte durch den Traum, dass die mageren Kühe und die dünnen Ähren in ihrem »Hunger« die prächtigen Kühe und Ähren verspeisten.

Josef erahnte, dass der Traum mit dem Pharao selbst zusammenhängen musste. In Josefs Sprache bedeutet

Pharao nicht »Hohes Haus«, sondern: *ph(a)r* bedeutet *Frucht* und, damit verwandt, auch »Kuh«.

Im Traumgespräch mit dem Pharao weist Josef darauf hin, was dieser Name in seiner Sprache bedeutet.

Pharaos eigene Berater hatten die Bedeutung des Traums nicht richtig erkannt. Sie waren selbst ein Teil der Hungersnot, die jedoch noch nicht, äußerlich gesehen, eingetroffen war. Das Leben war schon geschrumpft, die Wüste bahnte sich an.

Der Pharao hatte zugehört und ahnte dann auch die Zusammenhänge; er könnte darauf geantwortet haben: »Habe ich mich vielleicht selbst geträumt, meinen eigenen Namen?«

»Ja, lieber Pharao, du hast deine eigene Hungersnot geträumt.« Das ganze Volk hatte anscheinend den Hunger und die Not des Pharao gespürt. Wie wir wissen, nimmt nun die Heilsgeschichte ihren Lauf.

Der Jakobstraum (Gen 28,12-15)

Im Traum sah Jakob eine große Leiter. Sie stand vor ihm auf dem Boden. Er schaute noch oben, um zu sehen, wo die Leiter endete. Aber die Leiter war sehr hoch. Sie ging bis in den Himmel hinein. Während Jakob die Leiter anschaute, stiegen Engel die Leiter auf und nieder. Es war wie eine Tür zum Himmel. Sie war direkt hier vor Jakob. Jakob staunte. Hier unten stand er, der Betrüger. Er war sich nicht einmal sicher, **141** ob Gott ihn noch liebte. Aber Gott war trotzdem bei ihm. Gott war genau hier bei Jakob. Er schickte seine Engel zu Jakob. Und dann sah Jakob oben an der Leiter Gott selbst stehen.

Der Josefstraum (Mt 1,20-23)

»Josef, du Sohn Davids, fürchte dich nicht, Maria, deine Verlobte, zu dir zu nehmen. Denn das in ihr geboren ist, das ist von dem Heiligen Geist. Sie wird einen Sohn zur Welt bringen, dessen Namen sollst du Jesus heißen. Denn er wird sein Volk frei machen von ihren Sünden. Das ist aber alles geschehen, auf dass erfüllt würde, was der Herr durch den Propheten gesagt hat, der da spricht: ›Siehe, eine Jungfrau wird schwanger sein und einen Sohn gebären, und sie werden seinen Namen Immanuel nennen.‹«

Wir können uns in die Gestalt des Josef, des Handwerkers aus Nazareth, nach diesem Traum irgendwie hineinfühlen. Die geheimnisvolle Schwangerschaft seiner Verlobten, das eigentlich Unmögliche, wie sollte er damit umgehen? Sein Lebensplan, der eigene Traum von einem Familienleben, ist völlig durcheinandergeraten. Josef aber schweigt angesichts des Unbeschreiblichen. Im Evangelium heißt es: »*Josef, der gerecht war und sie (Maria) nicht bloßstellen wollte, beschloss, sich in aller Stille von ihr zu trennen.*« Und weiter: »*Während Josef noch darüber nachdachte, erschien ihm ein Engel des Herrn im Traum.*«

Josef hört in sich hinein und trifft erst dann seine Entscheidung.

Letztlich vertraut er der Stimme Gottes im Traum. Er klagt seine Frau nicht an, lässt Maria nicht im Stich. Er sagt Ja und handelt. Und er ebnet damit der Heilsgeschichte den Weg.

Vor allem wegen dieser Reflexion und seiner Entscheidung zwischen Recht und Barmherzigkeit ist der bescheidene Mann aus Nazareth eine meiner Lieblingsgestalten in der Bibel.

In diesen Traumerscheinungen wird Gottes Liebe zu uns Menschen sichtbar, und unser Grundvertrauen in seine rettende, alles verzeihende Liebe.

Mein Mitbruder P. Arno Münz OSB, der im Stift St. Georgenberg-Fiecht in Tirol lebt, sich seit mehr als 40 Jahren mit der Aussagekraft von Traumbildern für unser Leben beschäftigt und Seminare unter dem Thema »Deine Träume – Deine Heiler« durchführt, schreibt dazu:

»Unsere eigenen Träume decken, im Traumgespräch mit einer Person, die sich auf den Traum empathisch eingelassen hat, eine heilende Wirkung auf, selbst wenn der Träumende am Morgen oder mitten in der Nacht erschreckt und schweißtriefend hochfährt und sagt: ›Gott sei Dank, dass all dies nicht Wirklichkeit ist.‹ Nein, lieber Träumer, das *ist* Wirklichkeit, eben die Traumwirklichkeit, das Traumbewusstsein, das nun in das Wachbewusstsein eingetreten ist.«

P. Arno möchte seine Seminarteilnehmer davon überzeugen, dass der Traum uns Gutes tun will. Er schüttet 143 kein »Moralin« aus, droht mit keinem Finger, möchte uns aber eine kleine, vielleicht auch klitzekleine Botschaft schenken, sozusagen einen Brief von mir an mich. Lese ich den Brief nicht, dann schickt mir der Traum die Botschaft noch einmal: Das sind dann die Traumserien. Hören diese auf, habe ich die Botschaft erkannt und vielleicht auch in kleinen Schritten in den Alltag umgesetzt.

Ist es möglich, träumen zu lernen? P. Arno bejaht diese ihm häufig gestellte Frage, und ich weiß, dass es gut möglich ist, äußere Einflüsse auf das Unterbewusstsein vor dem Schlafen auszuschalten oder so zu steuern, quasi mit der Tageskleidung abzulegen, dass sie uns nicht »im Schlaf verfolgen«.

P. Arno empfiehlt diese Methode: »Vor dem Einschlafen lade ich die Träume so freundlich wie möglich ein. Ist die Nacht vorbei und mir ist ein bewusster Traum geschickt worden, an den ich mich erinnere (viele Träume in den frühen Schlafphasen sind uns nicht mehr bewusst oder erinnerlich, und wir träumen jede Nacht fünf bis sieben Mal), dann sage ich DANKE, auch wenn mir der Traum zunächst als unwichtig erscheint. Sollte der Traum reflektiert, oder mit einer fachkundigen Person besprochen werden, kann sich das morgendliche DANKE als durchaus richtig erweisen.«

Wenn wir Träume auf unsere Vorsätze projizieren wollen, scheint es mir deshalb wichtig, dass wir sie als positiv und hilfreich, als Heiler, verstehen lernen und annehmen. Viele Menschen haben noch beinahe archaische Vorstellungen von Träumen. Martin Luther glaubte, dass Träume unsere Sünden aufzeigen. Das erscheint mir als eine eher mittelalterliche Denkweise, denn ich bin davon überzeugt, wie mein Mitbruder Arno, dass Traumbotschaften nicht warnen wollen, sondern positive Schritte für den Alltag anregen, Impulse geben.

Ich möchte sogar noch einen Schritt weitergehen und behaupten: Böse Träume gibt es eigentlich *nicht,* auch wenn manche als böse erscheinen, grausig sogar. Dahinter vermute ich die Nachdrücklichkeit des »inneren Briefes«, mir eine Botschaft besonders wichtig erscheinen zu lassen, nicht als Moralkeule, sondern als Hilfe.

P. Arno warnt aus seiner Erfahrung als Zuhörender vor allzu schnellen Traum-Interpretationen:

»Spontane Interpretation ist in aller Regel die falsche Lösung. Ich möchte helfen, den oben schon angedeuteten ›Brief von mir an mich‹ mit dem Träumenden anzuschauen, ohne meine eigenen Vorstellungen einzubringen.

Als kleines Beispiel: Eine Person kommt zur Tür herein, lacht, und ich interpretiere und sage auch laut: ›Ach, sind Sie aber gut aufgelegt.‹ Besser wäre, falls ich überhaupt etwas sage: ›Ich sehe, Sie lachen, was hat das wohl zu bedeuten?‹ Ich gebe das wieder, was ich sehe, und nicht das, was ich meine. Erst, wenn ich auf meine Frage eine klärende Antwort erhalte, bilde ich mir eine Meinung.«

P. Arno gibt dafür auch ein Beispiel:

»Da hat es mich einmal kalt erwischt, beim Tanken in einem Nachbarort. Eine junge Dame fährt mit ihrem Auto vor, der Tankwart springt heraus, bedient die Dame, prüft den Reifendruck, nimmt das Geld in Empfang.

Da ich mit dem Tankwart gut bekannt war, sagte ich: ›Ach. Wenn eine hübsche Dame kommt, da springst du!‹ Seine Antwort: ›Die Dame ist querschnittgelähmt‹.«

Für diese Erfahrung bin ich dankbar.

Lesen wir also die inneren Briefe, die das Kind uns schreibt, stellen wir uns Fragen, bleiben wir neugierig und erkennen uns darin selbst. Das kann sehr spannend sein, aber auch lehrreich.

Sprüche über gute Vorsätze (15):

»Es ist eine traurige, aber unbezweifelbare Wahrheit, dass sich mit jedem Mal, da man von einer guten Absicht spricht, besonders wenn das beredt und vor bewundernden Zuhörern geschieht, die Chancen verringern, dass sie im eigenen Leben Wirklichkeit werden.«
Thomas Carlyle (1795-1881), schottischer Philosoph

. . . .

»Ihr seid das Salz der Erde«, ruft Jesus Christus uns zu (Mt 5,13). Diese Worte wollen uns motivieren, so, wie uns die Bergpredigt (Mt 5,3-12) die ethischen Voraussetzungen des Zusammenlebens über alle Grenzen hinweg auf den Weg geben will.

Motivieren ist eine hohe Kunst. Wer andere motivieren kann, Besonderes zu leisten, und sich alle gemeinsam dabei weiterentwickeln können, hat Führungstalent, kann ein Vorbild sein. Und die Welt braucht Vorbilder. Jeder sollte ein Vorbild sein. Sich selbst zu motivieren, Besonderes zu leisten, beispielsweise ein Kunstwerk zu schaffen, ist nicht minder anerkennenswert, denn dazu braucht es neben künstlerischen Fähigkeiten auch Planung und Disziplin.

Natürlich brauchen wir auch Disziplin, um unsere Vorsätze in Taten umzusetzen. Dabei kann uns allerdings auch eine bewährte Motivations-Methode aus der Psychologie helfen. Sie beruht auf dem Prinzip, dass wir uns Erfolgserlebnisse schaffen, die uns immer weiter emportragen, bis wir unser Ziel erreicht haben.

Wir nennen sie die Motivationsspirale

Motivationsspirale deshalb, weil man in dieser Anziehungskraft fast automatisch nach vorne, besser noch: nach oben gezogen wird. Dann, nach zwei, drei Tagen kommt bereits der Appetit auf den zweiten Schritt, in der nächsten Woche auf den dritten und vierten. Alles, was man selbst dazu beitragen sollte, ist, sich Ziele zu setzen. Ziele wie beispielsweise:

»Ich werde, wann immer möglich, jeden Tag eine halbe Stunde in frischer Luft spazieren gehen. Oder mit dem Fahrrad fahren.«

Wir können unsere Ziele auch quantifizieren. Beispielsweise 300 Kilometer jährlich laufen und/oder 1000 Kilometer radeln. Dann lassen sich Ziele besser verfolgen und ihre Fortschritte nachvollziehen. Man übt sich damit ein in die »connexio virtutum«, die Verbindung der Tugenden.

Je genauer und konkreter der Vorsatz nach Leistung und Zeitraum quantifiziert wird, desto leichter fällt es, das Ziel zu erreichen.

Beispiele: Das Ziel ist, im nächsten Jahr an mindestens 100 Tagen auf Alkohol zu verzichten. Also an mindestens acht Tagen monatlich oder zwei Tagen wöchentlich.

Dann kann man zumindest monatlich überprüfen, ob man im Zeitplan liegt, und wie leicht oder schwer es fällt, dieses Ziel zu erreichen.

Oder das Ziel ist, mindestens dreimal in der Woche eine Stunde in gesteigertem Tempo spazieren zu gehen. Dann ist es verbindlicher, sich die Zeit dafür vorher in den Kalender oder Computer einzutragen und am Monatsende nachzusehen, ob Plan und Ausführung übereinstimmen. Wer dies über längere Zeit einübt, dem wird der Spaziergang bald zur lieben Gewohnheit werden.

Bald kann man auch spüren: In allem, was man regelmäßig unternimmt, wird man immer stärker. Beginnen Sie damit, täglich 300 Meter zu laufen, und schon bald macht es Ihnen keine Mühe mehr, auch einen Kilometer zu laufen. Sie spüren, dass Sie sich auf einen Weg gemacht haben, der sich lohnt. Sie werden selbstbewusster, weil Sie erfahren, dass die Macht der Gewohnheit, die Bequemlichkeit oder die Sucht für Sie kein unbezwingbarer Gegner mehr sind.

Sie spüren bereits nach kurzer Zeit, dass Sie die Kontrolle über sich selbst wieder übernommen haben. Weil Sie wieder siegen können – an jedem Tag, den Sie selbst bestimmen. Weil Sie Ihr Ziel nicht mehr aus dem Auge verlieren – Sie freuen sich immer mehr darauf, wie ein Marathonläufer, mit jedem Schritt, jedem Meter, jedem Kilometer Ihrem Ziel näherzukommen.

Das ist die Kraft der Motivationsspirale, die Sie jetzt als starker Schrittmacher ins Ziel begleiten will.

Naturwissenschaftler würden hier von einer Art »Umkonditionierung« sprechen. Die alten Wüstenväter wie Antonius, einer der Urväter des christlichen Mönchtums, wussten um diese uns innewohnende Widerstandskraft, um die Askese, die »Leitplanken« in unserem Leben.

Diese Leitplanken sollten nicht mit Fesseln verwechselt werden, die unser Leben einschränken. Sie sind vielmehr ein Halt, der Freiheit, auch Freiheit von Sucht, erst ermöglicht. Askese ist Einübung, die unsere Würde erhält und sie uns wiederschenkt. Diese suggestive Kraft, die uns hilft, die Sucht zu überwinden, umzukehren, wurzelt bei Christen tief im Glauben. Im Glauben an unsere göttliche Bestimmung und damit im Glauben an uns selbst. Sie wird freigesetzt, indem wir das tägliche negative Erlebnis durch die Sucht, die tägliche Niederlage, ersetzen durch das positive Erlebnis des Verzichtenkönnens.

Indem wir mit kleinen Schritten beginnen, kleinen Erfolgserlebnissen, die uns dann zu immer größeren Schritten in die Freiheit von der abhängig machenden Sucht ermutigen, machen diese Erfolgserlebnisse uns immer stärker, belastbarer, jeden Tag mehr. Aus vielen Gesprächen mit alten Menschen, die ihre Vereinsamung oft mit Suchtmitteln zu kompensieren versuchen, weiß ich, dass dies ein lebenslanger Kampf sein kann.

Verzichtenkönnen ist eines der besten Beispiele für unsere Befreiung von falschen Trieben. Wir könnten zwar, müssen aber nicht. Um aus der Abhängigkeit freizukommen, bedarf es einer kontrollierten Disziplin. Es reicht meist bereits, die Erfüllung des Wunsches hinauszuzögern.

Es macht uns froh und es befreit, uns zu erkennen: Ich *kann* widerstehen, ich bin *stärker* als die negativen Gedanken, die mich gefangen nehmen. Dann spüren wir diese heilende Kraft, die uns den Weg in unsere wirkliche Berufung weist: in ein Leben in Freiheit, das Gott für uns vorgesehen hat.

Alles, was wir dazu tun müssen, ist, mit der Befreiung vom Negativismus zu beginnen. Jeder Tag, der uns geschenkt wird, gibt uns dazu eine neue Chance.

In den 70er Jahren wurde der Kultfilm »Clockwork Orange« gezeigt. Eine Jugendbande geht rücksichtslos auf schwache und alte Menschen los, rempelt und fährt alles an, zeigt nicht den geringsten Respekt vor anderen Menschen. Die eigene Lust und Willkür sind der Maßstab. Nach einiger Zeit wird der Rädelsführer Alex festgenommen und einer Umpolung unterzogen. Mit gewaltsam offen gehaltenen Augen muss er brutalste Filme anschauen.

Ein injiziertes Serum erzeugt in ihm nach dieser »Therapie« bei Konfrontation mit Gewalt stets Ekel bis zum Erbrechen. Doch er wird nicht frei, sondern ein verängstigtes Wesen, das sich letzten Endes in den Tod stürzt. Eine Umpolung, die keine ist, sondern eine Gehirnwäsche und ein Missverständnis menschlicher Freiheit. Es ist die Umpolung von einer Abhängigkeit in die andere.

Das Ziel müsste aber sein, dem Menschen wieder den Geschmack an seiner von Gott geschenkten Freiheit zu vermitteln: Geschmack an der Freiheit von Abhängigkeit, Sucht und erworbenen seelischen Leiden. Das Ziel ist, dass es mir gutgeht.

Die Bibel gibt uns zu diesem Phänomen zahlreiche Beispiele. Jesus hat als Heiler, in der Bildersprache des Neuen Testaments, bei vielen Menschen »böse Geister« ausgetrieben. Die bösen Geister stehen hier beispielhaft für viele suchtkranke Menschen, die von ihnen besessen waren. Das bedeutet, sie waren selbst nicht mehr in der Lage, sich von ihrer Sucht, von ihrer Besessenheit zu befreien.

Sie waren in sich gefangen. So ergeht es auch vielen von uns.

Der Vorsatz, den wir hier fassen sollten, ist ganz einfach: Steigen wir ein in die Motivationsspirale und fahren wir in ihr nach oben, zu einem erstaunlichen neuen, freien Lebensgefühl.

Dieser Weg hat nichts mit Esoterik oder Hokuspokus gemein, nur mit ganz natürlichen menschlichen Verhaltensänderungen, zu denen wir fähig sind. Alles, worauf wir uns einlassen müssen, ist der Glaube daran, dass wir uns wirklich verändern können, aus eigener Kraft, aber mit Gottes Hilfe.

Vielleicht können manche meiner Ratschläge für veränderte Verhaltensweisen, die ja auch Disziplin und einigermaßen geordnete Tagesabläufe erfordern, nicht von jeder oder jedem ohne weiteres umgesetzt werden. Das gilt vor allem für diejenigen unter Ihnen, die im Berufsleben mit seinen ganz alltäglichen Zwängen stehen.

Als Benediktiner haben wir es mit unserem relativ streng geregelten Alltag leichter, werden Sie sagen, die

Freiräume zu schaffen, um beispielsweise jeden Tag eine Stunde spazieren zu gehen, oder eine Runde zu laufen, oder einfach nur auf einer Bank zu meditieren und dem Gesang der Vögel zu lauschen. Aber: Auch wir müssen lernen, falsche Gewohnheiten abzulegen und durch notwendige, richtige zu ersetzen.

Aus meiner Zeit als Abtprimas in Rom, in der ich an gut hundert Tagen im Jahr unterwegs war, meinen gewohnten Tagesrhythmus nicht immer einhalten konnte und mich an Reisepläne anpassen musste, weiß ich zudem, dass viele wahre Künstler darin sind, mit ihrer Zeit flexibel und geschickt umzugehen.

Hier sind Zeitmanagement und Kreativität gefragt. Beten und sich kontemplativ zurückziehen hilft dabei. Wir können das überall, auch in der U-Bahn oder in Flughafen-Wartehallen. Je hektischer das Umfeld, desto erholsamer werden die Minuten sein, die Sie einfach für sich gewinnen.

Aus meiner persönlichen Erfahrung in einer Welt der permanenten Ablenkung habe ich es stets als aufbauend und wohltuend empfunden, meine Mitte im Gebet zu suchen und zu finden. Das wird auch Ihnen gelingen: in der ständigen Reflexion über das, was in Ihrem Leben wirklich wichtig ist. Ihre Vorsätze können dabei Wegweiser sein.

Wenn Sie aber auf dem richtigen Weg sind, kann Sie auch keine Unterbrechung oder ein kleiner Umweg davon abhalten, auf dem Zielkurs zu bleiben. Ihre Leitplanken werden Sie vor Abstürzen sicher bewahren.

AUCH SCHEITERN BRINGT UNS WEITER

Über Vorsätze, die nie über das Absichtsstadium hinausgekommen sind, gibt es viele Sprüche, wie diesen:

»Es gibt nichts Gutes, außer man tut es.«
(Zitat von Erich Kästner, geht auf Platon zurück)

»Gute Vorsätze sind wie Pferde, die gesattelt, aber nie geritten werden.«

Ein anderer lautet:

»Wie um den Knochen kämpft der Hund,
so kämpfe ich um jedes Pfund.
Und bin am Ende doch schon froh,
erhalt' ich nur den Status quo.«

»Mit mir geht's nur noch bergab«, »Es zieht mich immer nur runter«, oder »Mir klebt das Pech buchstäblich an den Stiefeln«, diese und solche Sätze höre ich immer wieder in Seelsorgegesprächen. Das klingt depressiv und zeigt, dass Menschen bisweilen auf der dunklen Seite des Lebens gefangen sind.

Ich sage ihnen dann: Der Paternoster fährt nicht nur nach unten. Und: Umkehr ist immer möglich. Und zwar nach dem Gesetz der positiven Selbstmotivation durch Erfolgserlebnisse. Im vorhergehenden Kapitel »In der Motivationsspirale zum Erfolg« finden sich dazu einige Tipps.

Doch es ist halt Realität: Vor den Erfolg haben auch hier die Götter den Schweiß gesetzt und Misserfolge müssen im Voraus als Möglichkeit akzeptiert werden.

Wie aber kommt es zu Misserfolgen? Welche sind die höchsten und häufigsten Hürden:

- Unrealistische Vorsätze – alles soll anders werden, und zwar möglichst sofort. *Besser: bescheiden anfangen und Schritt für Schritt weitermachen.*

- Zu viele Vorsätze innerhalb eines bestimmten Zeitraums ohne Prioritäten. *Besser: immer auf ein Ziel konzentrieren.*

- Zu unkonkrete Ziele (im neuen Jahr ein paar Pfunde abnehmen). *Besser: drei Kilo weniger, aber nachhaltig. Erfolg kann schon bedeuten, den Trend umzukehren.*

- Zu kurzfristige Ziele (in einem Jahr muss ich das geschafft haben). *Besser: eine klare, langfristige Vision. Wo möchte ich in fünf Jahren sein?*

Erkenntnis: Wer sich überfordert, hat Frust und Scheitern bereits vorprogrammiert. Vorsätze dürfen niemals zum Selbstzweck werden und über Ihr Leben herrschen. Achten wir darauf, stets selbst Herr über unsere Vorsätze zu sein. Und dies auch und gerade dann, wenn wir davon abweichen und unsere Ziele korrigieren müssen.

Zwang ist immer kontraproduktiv, weil er in Kopf und Körper Gegenreaktionen auslöst. Deshalb scheitern in der Regel auch alle Diät- und Abnehmkuren, weil sie dem Körper Hunger und Stress signalisieren, und weil dieser darauf reagiert, indem er eher Fett für Notzeiten ansetzt.

Allen Versprechungen der Werbung für nachhaltige Wunderkuren sollten wir deshalb mit gesunder Skepsis begegnen. Für deren Erfolg sind Sie nämlich ebenso verantwortlich wie für den Misserfolg.

Scheitern bringt uns also auch weiter, denn beim Reflektieren über die Ursachen gewinnen wir wichtige Erkenntnisse über uns selbst.

Wir scheitern seltener, wenn wir realistische Ziele verfolgen und nicht zu schnell aufgeben. Beispielsweise genießen wir ab sofort unseren täglichen Kaffee oder Tee ohne Zucker und entdecken dabei die köstliche Sortenvielfalt dieser Getränke ganz unverfälscht. Dabei sparen wir viele Kalorien in Form von Kohlehydraten und nehmen über das Jahr einige Pfunde ab. Wäre oder ist das nicht großartig?

Übrigens kann es gut sein, dass wir am ersten und zweiten und vielleicht noch am dritten Tag das Getränk als bitter, ja ungenießbar empfinden. Aber unsere Geschmacksnerven können lernen! Und schon nach kurzer Zeit lernen wir zu schätzen, was wir vorher gewöhnungsbedürftig fanden.

Oder wir malen uns aus, wo wir einen erholsamen Urlaub vom ersparten Geld unseres Zigarettenkonsums verbringen und dabei unsere Kondition erheblich verbessern. Nebeneffekt: Wir können wieder frei und tief durchatmen.

Alles ganz realistisch, nicht? Es sind oft Kleinigkeiten, die uns Erfolgserlebnisse schenken und die Freude, weiterzumachen und uns immer wieder zu verbessern. Es sind die kleinen Schritte, die letztlich zum Ziel führen. Freuen wir uns am Ende eines Tages über jeden Fortschritt und machen wir ein Pluszeichen in unserem Kalender.

Dennoch: Bei aller Motivationskunst werden wir immer wieder erfahren, dass wir schwach und müde werden und nachlassen auf unserem Weg.

Es ist mir bewusst, dass ich hier die vielleicht härteste Prüfung aller guten Vorsätze als Beispiel nehme. Beim Zigarettenkonsum, weniger beim Zigarren- oder Pfeifenrauchen, liegt die »Rückfallquote« nach zuverlässigen amerikanischen Studien bei 97 Prozent innerhalb von drei Monaten. Nach drei Monaten »ohne« sind es allerdings nur noch 50 Prozent. Hier hilft meist nur der »kalte Entzug«, das heißt entweder aufhören oder aufgeben. Diejenigen, die nachhaltig durchgehalten haben, wissen, wie schwer das konsequente Aufhören ist, und können deshalb auf jeden rauchfreien Tag stolz sein.

Gott weiß um unsere Schwachheit. Im Dialog mit unserem Gott, den wir in jeder Lebenssituation anrufen

können, hat der Psalmist diesen Anruf tröstlich ausgedrückt:

»Herr, ich suche Zuflucht bei dir.
Lass mich doch niemals scheitern.
Reiß mich heraus und rette mich in deiner Gerechtigkeit.
Wende dein Ohr mir zu und hilf mir!
Sei mir ein sicherer Hort, zu dem ich allezeit kommen darf.«
(Ps 71)

Ja, wir können scheitern. Und wir dürfen auch scheitern. Wir können aber, mit Gottes Hilfe, auch wieder
aufstehen und unseren Weg fortsetzen. Der gute Wille
zählt, und das selbst gegebene Versprechen, nicht aufzugeben.

Allerdings gilt auch hier die Goldene Regel der Mäßigung. Je härter wir mit uns selbst umgehen und uns
vielleicht sogar bestrafen, wenn unsere Willensstärke
nicht ausgereicht hat, desto wahrscheinlicher ist es,
dass wir beim nächsten Mal wieder versagen. Gehen
wir also nicht zu hart mit uns selbst ins Gericht, sondern gehen wir mit uns selbst auch nachsichtig um. So
wird das erneute Versagen der Willenskraft unwahr-
scheinlicher.

Rückfälle bedeuten nicht automatisch immer auch
ein Scheitern. Lassen Sie sich also nicht entmutigen,
wenn Sie die eingeplante Gymnastikstunde geschwänzt
haben. Der Vorsatz »Ich hol das morgen nach« kann
dann wieder greifen. Und sobald wir uns an regelmä-
ßigen Sport, gesunde Ernährung oder das Leben ohne
die zweite und dritte Flasche Bier am Abend gewöhnt

haben, steht uns bei der Umsetzung der guten Vorsätze auch nicht mehr das eigene Unterbewusstsein im Wege.

Und beim nächsten Mal wird sowieso alles anders ...

Verhaltensänderungen brauchen eben Zeit und Geduld. Und wenn wir siebenmal scheitern und erst beim achten Versuch unser Ziel erreichen, können wir erst recht stolz sein auf uns.

Persönlicher Tipp: Humor hilft, wie in fast allen Lebenslagen, die eigenen Fehler und Schwächen nicht ganz so ernst zu nehmen.

(*»Im Aufhören bin ich sehr erfahren und schaffe es jetzt schon zum dutzendsten Mal.«*)

Im nächsten Schritt ist es dann allerdings nur konsequent zu fragen, was wir aus einem Misserfolg lernen können. Wahrscheinlich sind wir nicht wirklich gescheitert, sondern erleiden nur eine vorübergehende Niederlage, die uns über einen Umweg doch noch ans Ziel führt.

Es ist wie im Sport: Nach einer Niederlage steht man auf, schüttelt sich, geht in sich und freut sich auf das nächste, möglichst siegreiche Spiel. Denn das Leben bietet jeden Tag eine neue Chance.

So kann man auch dem gescheiterten Neujahrsvorsatz auch etwas Gutes abgewinnen. Zuerst wirkt es wie eine persönliche Niederlage, aber wo sich eine Tür schließt, da öffnet sich eine neue. Das ist das Geheimnis vom

Glauben an die eigene Stärke, die Kraft des positiven Denkens. Es ist die optimistische Grundhaltung, stets daran zu glauben, dass man schaffen kann, was man sich vorgenommen hat. So können wir durchhalten, die Krise akzeptieren, reflektieren und eine Lösung finden.

Das ist die Kunst des »positiven Scheiterns«.

An dieser Stelle wünsche ich Ihnen, was der Psalm 20 uns so wunderbar verspricht:

»Der Herr erhöre dich am Tage der Not,
der Name von Jakobs Gott möge dich schützen.
Er schenke dir, was dein Herz begehrt,
und lasse all deine Pläne gelingen.«

Sprüche über Vorsätze (16):

»Unbeständigkeit gegen seinen Vorsatz hei-
ßet sich selber das Wort brechen, welches
man so wenig wie gegen einen andern darf:
da dieselbe schädliche Folge des Misstrau-
ens daraus entsteht.«
Jean Paul

IN MEINER BALANCE LEBEN – MIT GOTTES HILFE

....

Aus spiritueller Betrachtung sind gute Vorsätze wie eine nahezu unerschöpfliche Fundgrube, das Leben als Reifeprozess anzunehmen. Indem wir unser Leben als Geschenk Gottes begreifen und ständig reflektieren, hören wir in uns hinein und versuchen, es sinnvoll zu gestalten.

Vieles gelingt uns auf unserem Lebensweg, manches misslingt. In diesem Reifeprozess können wir auch aus dem Gleichgewicht geraten und den Kontakt zu unserem Schöpfer verlieren. Die Ferne Gottes ist dann ein Los, eine Aufgabe, der wir uns stellen müssen. Denn wir sind, ob es uns bewusst ist oder nicht, spirituelle Geschöpfe, die Gottes Nähe brauchen und suchen.

Auch wenn wir diesen Kontakt, diesen Lebensfaden, den Michelangelo in seinem Deckenfresko in der Sixtinischen Kapelle so plastisch und unnachahmlich dargestellt hat, vorübergehend verlieren, so bleiben wir dennoch immer mit Gott verbunden.

Dieser Lebensleitfaden ist gesponnen aus unseren Gebeten, dem Versuch des Dialogs mit Gott und – unseren Vorsätzen, den »Gewissenswürmern« des Heiligen Geistes, die uns ständig daran erinnern, wie wir sinnvoll leben sollten.

Beides hält uns im Gleichgewicht, und Gottes Wort, die Frohe Botschaft, hilft uns dabei als Wegweiser. **161**

Deshalb ist es auch so wichtig, regelmäßig in der Bibel zu lesen und die Lesungen im Gottesdienst zu hören. Es hat schon seinen Sinn, wenn Gottes Wort auf dem Nachtkästchen liegt.

Der Glaube an den liebenden Gott, der uns zur Entfaltung unserer Persönlichkeit, zu einem erfüllten Leben führen will, ist gewiss die Voraussetzung für diese Balance. Dieser Glaube öffnet uns die Tür zur Selbsterfahrung, zur Selbsterkenntnis.

Allein der Versuch der Kommunikation mit Gott im Gebet kann uns die Brücke bauen, auf der wir ihm letztlich begegnen können. Er hat sich uns ja offenbart, indem er uns auf menschlich begreifbare Weise in der Gestalt des Jesus von Nazareth barmherzig entgegengekommen ist.

Sprüche über gute Vorsätze (17):

»Ich hatte unbedingt nichts für mich als einen eingewurzelten Vorsatz, einen in mir selbst unwiderruflichen Ausspruch: Ich will's – einen durch keine Erfahrung erschütterten Glauben: Ich kann's – und ein namenloses, in mir lebendes Gefühl: Ich soll's. Ich wollte, glaubte, tat – und es gelang.«
Johann Heinrich Pestalozzi

Den Mainstream Mainstream sein lassen

In diesem Glauben, der auch unsere Vorsätze trägt, hilft uns kein »Mainstream«, der die Existenz Gottes auf rationale Art zu erklären versucht. Es ist vielmehr der feste Glaube daran, dass Gott will, dass unser Leben gelingt, und dass er uns deshalb immer wieder Impulse schenkt.

Vorsätze sind solche Impulse. Sie erinnern uns immer wieder hartnäckig daran, dass wir auf unserem Weg zu einem gelingenden Leben nicht nachlassen dürfen. Sie treiben uns an und rütteln uns auf, aus unseren bequemen Komfortsesseln herauszukommen und uns wieder herauszufordern.

Glaube ist niemals bequem. Glaube ist ständige Auseinandersetzung mit Gott und sich selbst. Glauben im Mainstream ist dann lauwarm und unverbindlich, wenn er nur zelebriert, nicht gelebt wird. Wenn das Glaubensbekenntnis mehr oder weniger automatisch heruntergeleiert wird.

Wirklich gläubige Christen sind oft Menschen, die mit sich ringen. Die aus dem Glaubensbekenntnis das für sie persönlich Wichtige herausfiltern. Beispielsweise: »Ich glaube, dass ich durch die Liebe Gottes und den Opfertod seines Sohnes Jesu Christi erlöst bin.«

Oder es sind Menschen, Christen, die in der Danksagung, dem eucharistischen Mahl, erkennen, dass sich Gott darin mitteilt, einer von uns wird und wir ein Teil seines göttlichen Wesens. Diesen Mitchristen sage ich dann: »Glauben Sie wenig, aber das richtig. Glauben Sie vor allem an die Eucharistie, in der Gott sich mit uns versöhnt!«

Und: Wer glaubt, kann und darf auch zweifeln. Der Zweifel, auch der von Christus am Kreuz und der Apostel, gehört zur Freiheit der Christen. Auch der Zweifel ist ein Geschenk Gottes. Genau so wie die Gnade, zu glauben und sich Gott anzuvertrauen.

Aus spiritueller Sicht sind Vorsätze Inspirationen Gottes, der will, dass wir unsere von ihm geschenkten Talente, unsere Schätze, nicht vergraben, sondern wachsen und reifen lassen. So, wie es in der sinnbildlichen Symbolsprache der Bibel im Gleichnis vom guten und vom schlechten Knecht (Verwalter) heißt (Mt 25,14-30):

»Denn es ist wie mit einem Menschen, der außer Landes ging: Er rief seine Knechte und vertraute ihnen sein Vermögen an; dem einen gab er fünf Talente (Zentner) Silber, dem andern zwei, dem dritten einen, jedem nach seiner Tüchtigkeit, und zog fort.

Sogleich ging der hin, der fünf Talente empfangen hatte, und handelte mit ihnen und gewann weitere fünf dazu. Ebenso gewann der, der zwei Talente empfangen hatte, zwei weitere dazu. Der aber einen empfangen hatte, ging hin, grub ein Loch in die Erde und verbarg das Geld seines Herrn.

Nach langer Zeit kam der Herr dieser Knechte und forderte Rechenschaft von ihnen. Da trat herzu, der fünf Talente empfangen hatte, und legte weitere fünf Talente dazu und sprach: Herr, du hast mir fünf Talente anvertraut; siehe da, ich habe damit weitere fünf Talente gewonnen.

Da sprach sein Herr zu ihm: Recht so, du tüchtiger und treuer Knecht, du bist über Wenigem treu gewesen, ich will dich über viele setzen; geh hinein zu deines Herrn Freude!

Da trat auch herzu, der zwei Talente empfangen hatte, und sprach: Herr, du hast mir zwei Talente anvertraut; siehe da, ich habe damit zwei weitere gewonnen.

Sein Herr sprach zu ihm: Recht so, du tüchtiger und treuer Knecht, du bist über Wenigem treu gewesen, ich will dich über viele setzen; geh hinein zu deines Herrn Freude!

Da trat auch herzu, der ein Talent empfangen hatte, und sprach: Herr, ich wusste, dass du ein harter Mann bist: Du erntest, wo du nicht gesät hast, und sammelst ein, wo du nicht ausgestreut hast; und ich fürchtete mich, ging hin und verbarg dein Talent in der Erde. Siehe, da hast du das Deine.

Sein Herr aber antwortete und sprach zu ihm: Du böser und fauler Knecht! Wusstest du, dass ich ernte, wo ich nicht gesät habe, und einsammle, wo ich nicht ausgestreut habe?

Dann hättest du mein Geld zu den Wechslern bringen sollen, und wenn ich gekommen wäre, hätte ich das Meine wiederbekommen mit Zinsen. Darum nehmt ihm das Talent ab und gebt ihn dem, der zehn Talente hat.

*Denn wer da hat, dem wird gegeben werden, und er wird die
Fülle haben; wer aber nicht hat, dem wird auch, was er hat,
genommen werden. Und den unnützen Knecht werft in die
Finsternis hinaus; da wird sein Heulen und Zähneklappern.«*

In freier, kurzer Auslegung bedeutet dieser Bibeltext:
Gott liebt diejenigen, welche ihre Talente nutzen. Wer
dies aber unterlässt, der bestraft sich selbst. Gott motiviert, belohnt uns für gute Arbeit und Leistung, er
zieht uns aber auch zur Rechenschaft.

Ausführliche Interpretation:

In diesem Gleichnis ist der Herr, der außer Landes
geht, ein Bild von Jesus Christus. Das Außer-Lan-
des-Gehen steht für die Abwesenheit Jesu Christi von
der Erde bis zu seinem Wiederkommen.

Die Knechte stehen sinnbildlich für verschiedene
Menschengruppen. Das Silber (Talent) steht für das
Evangelium Jesu Christi, das den Menschen während
ihres Lebens verkündigt wird.

Das Evangelium Jesu Christi beinhaltet die Errettung
von Menschen durch den Glauben an Jesus Christus.
Errettete Menschen sollen entsprechend ihrer Talente
und Fähigkeiten Gott in dieser Welt dienen und Frucht
für ihn bringen.

Die beiden ersten Knechte stehen für Menschen, die
das Evangelium Jesu Christi annehmen. Entsprechend
ihrer von Gott gegebenen Fähigkeiten dienen sie Gott
und bringen Frucht für Gott, was in dem Vermehren

der Silberstücke zu sehen ist. Beide Menschen werden entsprechend ihrer Leistungen im Dienen von Gott belohnt werden.

Der Knecht, welcher die Silberstücke vergraben hat, ist ein Bild für Menschen, die das Evangelium Jesu Christi nicht annehmen, da sie Jesus Christus nicht als ihren Erlöser anerkennen. Solche Menschen haben kein Interesse daran, mit ihren Fähigkeiten für Gott etwas zu tun. Selbst wenn sie etwas für Gott tun wollten, würde das für Gott keine zählbare Frucht bringen, da sie nicht durch den Glauben an Jesus Christus vor Gott gerechtfertigt sind.

Die guten Vorsätze, die uns wieder ins Gleichgewicht bringen

Wir haben am Beispiel der guten und schlechten Knechte (Verwalter) gesehen: Gott will, dass jeder von uns zu einer Erfolgsgeschichte wird. Dazu schenkt er uns die Talente und die innere Unruhe, die Antriebskräfte, sie auch reifen zu lassen und Früchte zu tragen: die guten Vorsätze.

Unser Beitrag dazu ist, diese Angebote in Form von Begabungen anzunehmen und in die Tat umzusetzen. Damit werden Vorsätze zu einem positiven Lebensplan, für uns selbst, für unsere Mitmenschen, aber auch unserem Schöpfer gegenüber.

Die Aussichten, diesen Lebensplan zu verwirklichen, wachsen in dem Maße, in dem wir im Einklang, in der

Balance mit unserem inneren Menschen, unserem Gewissen und unserem Schöpfer leben. In nahezu allen Religionen der Welt streben die Menschen nach diesem Ideal, der Balance und Harmonie von Körper und Geist.

Konkrete Vorsätze können uns dabei ebenso unterstützen wie Gebete und Meditation. Diese guten Vorsätze, eingebettet in einen Lebensplan, sind die Vorboten unseres Gleichgewichts. Mit diesen selbst gestellten Herausforderungen und Gottes Hilfe können wir unser Leben erfolgreich gestalten.

Ruhe statt Stress: Wie wir ein inneres Tempolimit finden

»Bei Gott allein kommt meine Seele zur Ruhe, von ihm kommt mir Hilfe«, lautet die Einleitung zum Psalm 62, ein Psalm, den ich immer wieder wie ein Mantra bete, wenn ich in Gefahr bin, in Stress zu geraten.

Allein dieser Satz hilft mir dann fast augenblicklich, meine Mitte wiederzufinden. *»Ja, bei Gott allein kommt meine Seele zur Ruhe, denn von ihm kommt meine Hoffnung«*, heißt es dann weiter, und ich spüre diese Hoffnung, die mir hilft zu leben. »In der Ruhe liegt die Kraft«, heißt es im Volksmund. Ein Satz, so einfach und so wahr. Er geht wohl auf ein ähnliches Zitat von Konfuzius zurück.

Wenn wir unruhig, zappelig und damit unkonzentriert werden, gelingt uns nichts mehr. Wir sind wie gelähmt.

Stress nennt man diese Erscheinung, und sie ist ein modernes Volksleiden, in dessen schlimmster Form ein weiterer aus den USA kommender Begriff steht, das »Burn-out-Syndrom«, das »Ausgebranntsein«, im Deutschen vielleicht am besten übersetzt mit »Nervenzusammenbruch« oder »seelisch bedingte Arbeitsunfähigkeit«.

Im inneren Gleichgewicht bleiben

Stress ist die Abwesenheit von Ruhe und Stille. Stress überkommt uns, wenn wir, meist unter Zeitdruck, die Kontrolle verlieren und aus dem inneren Gleichgewicht geraten. Stress bestimmt unser Handeln, wenn wir nicht mehr »Herren des Verfahrens« sind, von den Verhältnissen getrieben werden, nicht mehr Treibende sind und die Entwicklungen nicht mehr selbst bestimmen oder zumindest mitbestimmen können, sondern den Dingen ohnmächtig ihren Lauf lassen müssen. Stress ist Hilflosigkeit, und Hilflosigkeit kann Menschen in Krisensituationen bis in den Wahnsinn treiben.

Viele von uns leben in einem labilen, fragilen Zustand, den wir jedoch wieder ins Lot bringen können. Und zwar mit Gottvertrauen und der Kunst, sich aus der lauten Welt zurückzuziehen und die Ruhe, die Stille zu suchen. »Was immer du erwirbst, erwirbst du nur in der Stille, und göttlich ist nur, was im Schweigen geworden ist«, sagte Sören Kierkegaard (1813–1885), der große dänische Philosoph und Theologe.

Als Benediktiner kennen wir diesen Weg, der uns in unserer Regel und auch in unserem Tagesablauf immer wieder gewiesen wird. Stille, Schweigezeiten, helfen uns dabei, den auch bei uns immer stärker werdenden äußeren Einflüssen der lärmenden, chaotischen Welt zumindest für wertvolle Stunden zu entfliehen und immer wieder diesen göttlichen Funken zu suchen, von dem Kierkegaard spricht.

Für mich ist eine solche Balance zwischen kreativer Ruhe und möglichst konzentriertem, aber auch fröhlichem Schaffen ein großes, aber offenes Geheimnis der Lebenskunst, wenn ich auch zugeben muss, dass mir dieser Ausgleich nicht immer so gelingt, wie ich mir das selbst wünsche.

Im Gleichgewicht können wir glücklich werden

Wir streben nach einem glücklichen, erfüllten Leben. Das ist auch Gottes Wille. Er will uns Leben in Fülle schenken. Jesus hat es uns zugesagt: *»Ich bin gekommen, damit sie das Leben haben und es in Fülle haben.«* (Joh 10,10)

Das ist ein fast unglaublich erscheinendes Versprechen. Jesus Christus verspricht uns damit ein Leben im Einklang mit Gott, wenn wir unserem eigenen Gewissen folgen. Damit meint er aber nicht das totale Wohlstandsparadies hier auf Erden, wie uns dieses Beispiel aus der Bibel erläutert.

Das Problem von Reichtum und einem erfüllten Leben, oder: Wie ein Kamel durch ein Nadelöhr geht (Mk 10,17-27).

»Als sich Jesus wieder auf den Weg machte, lief ein Mann auf ihn zu, fiel vor ihm auf die Knie und fragte ihn: ›Guter Meister, was muss ich tun, um das ewige Leben zu gewinnen?‹

Jesus antwortete: ›Warum nennst du mich gut? Niemand ist gut, außer Gott, dem Einen. Du kennst doch die Gebote: Du sollst nicht töten, nicht die Ehe brechen, du sollst nicht stehlen, du sollst nicht falsch aussagen, du sollst keinen Raub begehen, ehre deinen Vater und deine Mutter.‹

Er erwiderte ihm: ›Meister, alle diese Gebote habe ich von Jugend an befolgt.‹

Da sah ihn Jesus an, und weil er ihn liebte, sagte er: ›Eines fehlt dir noch: Geh, verkaufe, was du hast, gib das Geld den Armen, und du wirst einen bleibenden Schatz im Himmel haben. Dann komm und folge mir nach.‹

Der Mann war aber betrübt, als er das hörte, und ging traurig weg, denn er hatte ein großes Vermögen.

Da sah Jesus seine Jünger an und sagte zu ihnen: ›Wie schwer ist es für einen Menschen, der viel besitzt, in das Reich Gottes zu kommen. Eher geht ein Kamel durch ein Nadelöhr, als dass ein Reicher in das Reich Gottes gelangt.‹

Sie aber erschraken und sagten zueinander: ›Wer kann dann noch gerettet werden?‹

Jesus sah sie an und sagte: ›Für Menschen ist das nicht möglich, aber für Gott, denn für Gott ist nichts unmöglich.‹«

Was uns die Geschichte vom reichen Jüngling erzählt

Der Evangelist Markus sagt, dass Jesus den reichen Jüngling ansah und ihn lieb hatte (Mk 10,21). Jesus will ihn und uns alle zu mehr Leben verlocken als zu dem, was wir bisher haben. Auch dieser reiche junge Mann könnte zur Fülle des Lebens kommen. Er weiß sogar, dass ihm etwas fehlt, dass er mehr vom Leben zu erwarten hat.

Und doch ist etwas grundfalsch an seiner Idee vom Ewigen Leben. Er meint: Ich habe alles, und ich habe mich an alle Vorschriften gehalten, nur noch eins fehlt: der Sinn des Lebens, die Erfüllung, wenn das noch dazukommt, ist alles gut.

Jesus kehrt diese Erwartung um: »Du hast! Nicht zu wenig, sondern zu viel. Verkaufe alles, was du hast, und gib es den Armen. Dann komm und folge mir nach. So wirst du einen Schatz im Himmel haben.«

Viele Menschen in allen Gesellschaftsschichten sind heute auf der Suche nach einer neuen Spiritualität. Sie wollen zusätzlich zu dem, was sie schon haben, Ausbildung und Beruf, Erziehung und gesichertes Einkommen, Familie und Freunde, noch etwas mehr haben.

Die religiöse Erfüllung, der Sinn des Lebens, die Speise der Seele, der Trost – dies alles soll zusätzlich zur materiellen Sicherheit noch dazukommen. Eine Art religiöser Mehrwert für die, die eh schon überprivilegiert sind. Sie suchen die geistige Fülle des Lebens zusätzlich zur materiellen, den Segen von oben zusätzlich zum Reichtum.

Jesus weist jedoch diese fromme Hoffnung einer auf Besitzstand ausgerichteten Gesellschaft zurück. Die Fülle des Lebens kommt nicht, wenn man schon alles hat. Wir müssen erst leer werden für Gottes Fülle. Geben wir weg, was wir haben, geben wir es den Armen, dann haben wir gefunden, was wir suchen.

Die Geschichte vom reichen Jüngling endet in Trauer. Trauer bei dem jungen Mann, denn der ist sehr reich und geht davon. Er hat sich von Jesus nicht zu mehr Leben, zur Fülle des Lebens, zum Verteilen des Lebens verlocken lassen. Vielleicht endet sein Leben in Depression.

Und doch gibt es Hoffnung für ihn. Denn Gottes Barmherzigkeit lässt auch ihn nicht fallen. Was Menschen nicht möglich ist, ist für Gott nicht unmöglich.

· ·

Wir Menschen sind nicht dafür geschaffen, einsam
durchs Leben zu gehen. Auch für unsere Vorsätze und
Ziele gilt: Gemeinsam erreichen wir vieles besser – und
schneller. Denn nur gemeinsam können wir Erfahrungen sammeln, teilen – und uns motivieren. Ein unter-
stützendes soziales Umfeld kann dabei hilfreich sein,
wie in den Klöstern, in denen Brüder und Schwestern
aufeinander achten.

Anonyme Alkoholiker helfen uneigennützig

Das gilt für viele Vorsätze: Alkoholkranke können sich
bei den Treffen der Anonymen Alkoholiker (AA) weltweit austauschen und sich damit oft auch aus ihrer
Vereinsamung lösen. Sie können sich bekennen und
offen aussprechen, ohne sich zu schämen, denn sie
finden bei Menschen mit demselben Leidensdruck
natürlich mehr Verständnis als in einem oft vorurteils-
behafteten und scheinheiligen Umfeld. Die Anonymen
Alkoholiker (Wahlspruch: Einigkeit-Dienst-Genesung)
folgen der These, dass die Alkoholsucht zwar unheilbar
ist, dass aber die Teilnahme in den Therapiegruppen,
die seit einigen Jahren auch online stattfinden, eine
Chance ist, in ein zufriedenes Leben zurückzufinden.

Es gibt keine Bedingungen für den Eintritt bei den AA.
Erwartet werden nur der unbedingte Wille zur Umkehr
– absolute Trockenheit – und Ehrlichkeit. Wer dies auf

Dauer nicht erreicht, riskiert seinen Ausschluss aus der Gemeinschaft.

Die »Rückfallquote« bei den AA liegt übrigens nach Beendigung der Therapie, die in 12 Schritten und nach 12 Traditionen erfolgt sowie eineinhalb Jahre dauert, bei über 50 Prozent, bei Frauen etwas höher als bei Männern. Das erscheint hoch, doch jeder Einzelne, der dadurch sein menschenwürdiges Leben durch diese konsequente Arbeit an sich selbst zurückgewinnt, ist es wert. Erstkontakt: aa-kontakt@anonyme-alkoholiker.de

Die Anonymen Alkoholiker wissen sehr wohl: Der Rückfall scheint zum menschlichen Leben und zur menschlichen Entwicklung schlechthin dazuzugehören. Er ist keine Eigentümlichkeit von Süchtigen. Weshalb sehen wir über unsere eigenen Rückfälle erhaben hinweg und tun den Rückfall von Alkohol- oder Drogensüchtigen als moralische Untat ab? Schon in der Bibel steht: »*Warum siehst du den Splitter im Auge deines Bruders, aber den Balken in deinem Auge bemerkst du nicht?*« (Mt 7,3)

Die 12 Schritte der Anonymen Alkoholiker sind ein gutes Beispiel dafür, wie wir mit Methodik, Toleranz und Gottvertrauen im Leben wieder ins Lot kommen können. Deshalb seien sie hier zitiert:

1. Schritt: Wir gaben zu, dass wir dem Alkohol gegenüber machtlos sind – und unser Leben nicht mehr meistern konnten.

2. Schritt: Wir kamen zu dem Glauben, dass eine Macht, größer als wir selbst, uns unsere geistige Gesundheit wiedergeben kann.

3. Schritt: Wir fassten den Entschluss, unseren Willen und unser Leben der Sorge Gottes – wie wir Ihn verstanden – anzuvertrauen.

4. Schritt: Wir machten eine gründliche und furchtlose Inventur in unserem Inneren.

5. Schritt: Wir gaben Gott, uns selbst und einem anderen Menschen gegenüber unverhüllt unsere Fehler zu.

6. Schritt: Wir waren völlig bereit, all diese Charakterfehler von Gott beseitigen zu lassen.

7. Schritt: Demütig baten wir Ihn, unsere Mängel von uns zu nehmen.

8. Schritt: Wir machten eine Liste aller Personen, denen wir Schaden zugefügt hatten, und wurden willig, ihn bei allen wiedergutzumachen.

9. Schritt: Wir machten bei diesen Menschen alles wieder gut – wo immer es möglich war –, es sei denn, wir hätten dadurch sie oder andere verletzt.

10. Schritt: Wir setzten die Inventur bei uns fort, und wenn wir Unrecht hatten, gaben wir es sofort zu.

11. Schritt: Wir suchten durch Gebet und Besinnung die bewusste Verbindung mit Gott – wie wir Ihn verstanden – zu vertiefen. Wir baten Ihn nur, uns Seinen Willen erkennbar werden zu lassen und uns die Kraft zu geben, ihn auszuführen.

12. Schritt: Nachdem wir durch diese Schritte ein spirituelles Erwachen erlebt hatten, versuchten wir, diese Botschaft an Alkoholiker weiterzugeben und unser tägliches Leben nach diesen Grundsätzen auszurichten.

Nach diesem 12-Schritte-Programm konnten sich weltweit viele Tausend Alkoholkranke so von ihrer Sucht befreien, dass sie wieder ein menschenwürdiges Leben führen konnten.

Sprüche über gute Vorsätze (18):

»Es ist verkehrt, wenn man sich zu Herzen nimmt, was man in den Wind schlagen sollte.«
Baltasar Gracián y Morales (1601-1658), spanischer Jesuit, Moralphilosoph und Schriftsteller

Fitness-Club oder Sportverein?
Eine Frage der Individualität

Wer seine Fitness durch systematischen Sport erhalten
oder zurückgewinnen will (und als erwünschte Neben-
wirkung gleichzeitig möglichst abnehmen will), kann
dies mehr oder weniger allein in einem Fitness-Club
tun. Oder gemeinsam in einem Sportverein, vor allem
bei Mannschaftssportarten. Dort findet man in aller
Regel noch mehr als sportlichen Ausgleich, nämlich
Erfahrungsaustausch und Geselligkeit unter Gleich-
gesinnten.

Mehr als acht Millionen, das sind immerhin nahezu
zehn Prozent aller Bundesbürger, sind Mitglieder in
einem Sportverein, aktiv und passiv. Zu den Sportarten im weiteren Sinn zähle ich übrigens auch das
Schach- und Kartenspiel, weil sie Menschen auf geis-
tiger und geselliger Ebene zusammenbringen. Auch,
wer sich als Mitglied ehrenamtlich passiv engagiert,
kann einen Vorsatz positiv erfüllen: helfen und sich
gesellschaftlich einbringen.

Ebenso vielfältig sind die Möglichkeiten, sich gemeinsam in der Gruppe künstlerisch und kulturell zu be-
tätigen. Darauf gehen wir im nächsten Kapitel noch
näher ein. Ob im Chorgesang, im Orchester oder in
einer Mal- oder Töpfergruppe: Das erlebte Miteinander motiviert und trägt bei zu einem erfüllteren Leben.
Wir sind nicht zum Alleinsein geboren.

Was Vorsätze im Sinn von Zielorientierung wirken
178   können, zeigt sich besonders und immer wieder im

Sport, und hier vor allem im Mannschaftssport. Dies ist nur eine von vielen Geschichten, die der Teamsport Fußball immer wieder schreibt:

Wir können es schaffen, wenn wir es wirklich wollen

Eine Mannschaft ist von der sechsten Liga, der Landesliga Bayern, in die fünfte Liga, die Bayernliga Süd, aufgestiegen und muss sich dort erst einmal zurechtfinden: neue Klasse, neue Gegner, neue Orte.

Das Team gewinnt in der Vorrunde die meisten Spiele und kann sich zur Überraschung seiner Fans und Gegner auf dem dritten Tabellenplatz festsetzen. Der Trainer spürt: Es steckt ein guter Geist in seiner Mannschaft, sie kann nicht nur mithalten, mitspielen, sondern sie entwickelt auch Ehrgeiz, sich weiterzuentwickeln. Er stellt in der Winterpause die Frage an das Team, die Verantwortlichen und Betreuer:

»Wollt ihr noch weiter nach oben?«

Alle wollen mitziehen. Obwohl sie wissen, dass sie in der nächsthöheren Spielklasse, der obersten Amateurliga, ganz andere Bedingungen erwarten, die der Verein vielleicht nicht erfüllen kann.

Ein Abenteuer also, ein Sprung in unbekanntes Wasser.

Die Mannschaft gewinnt weiter, die nächsten sieben Spiele, und steht damit ganz oben. Der Aufstieg kommt näher, und dann ist er da. Eine kleine Sensation. Bei aller Freude über den Erfolg: Es kommen wieder neue Herausforderungen, neue Aufgaben auf den Verein, die Betreuer, die Spieler zu.

Die Freude überwiegt, weil alle gespürt haben: Wir können es schaffen, wenn wir gemeinsam daran glauben, dass wir Vorsätze – Ziele – verwirklichen können. Wir können an unseren Zielen wachsen.

So ist es: Wir können an unseren Vorsätzen wachsen, wenn wir es wirklich wollen. Das gilt nicht nur für den Sport. Das gilt für alle Bereiche unseres Lebens.

Nicht ganz ernst gemeinter Vorsatz Nr. 8:

»Ich werde kein Geld für sinnlose Dinge ausgeben, nur für unnötige und einmal in der Woche ins Fitnessstudio gehen, nur um zu sehen, ob es noch da ist.«

IM LEBEN REIFEN –
ÜBER DEN DINGEN STEHEN

....

Eines der größten Geschenke Gottes an uns ist die Fähigkeit, ein Leben lang zu reifen, nicht nur an Erfahrung zuzunehmen, sondern auch in der Liebe zu wachsen. Gott will, dass unser Lebensweg zur Entfaltung führt.

Dazu gehört auch, im Verständnis füreinander zu reifen, in der Nachsicht, im Verzeihenkönnen. Und in der Einsicht, selbst nicht das Maß der Dinge zu sein. So bleiben wir offen und bereit, Probleme zu lösen und mit den Dingen fertigzuwerden.

Manchmal, so fühlen wir, muss sich der Mensch auch herausfordern, um zu reifen. Gute Vorsätze sind dafür das richtige Mittel. Sie geben uns immer wieder die Impulse, nicht nachzulassen oder müde zu werden im Reifeprozess.

Auch wenn die Zahl der Hoffnungen im Laufe eines Lebens vielleicht abnimmt: Unsere geistigen »Kapazitäten« sind durchaus darauf eingestellt, noch im Alter Großes zu leisten. Russische Gehirnforscher haben bei Schachspielern über 75 Jahren herausgefunden, dass sie durchaus in der Lage sind, kreative neue Spielzüge zu lernen und sich weiterzuentwickeln. Sie waren durchaus in der Lage, 50 Jahre jüngere Spieler schachmatt zu setzen.

Der seit seiner Jugend gelähmte britische Physiker, Astrophysiker und Bestsellerautor Stephen Hawking, **181** der am 8. Januar 2017 seinen 75. Geburtstag feierte, beweist noch täglich, dass körperliche Handicaps und geistige Leistungsfähigkeit keineswegs ein Widerspruch sein müssen.

Es ist immer wieder beglückend zu sehen, wie Menschen meines Alters, und darüber hinaus, im Leben mit ungebrochener Kreativität voranschreiten, gerade in gestaltenden Berufen wie Bildhauer, Maler oder Musiker. Wir können unser Leben lang lernen und uns weiterbilden.

Gerade ältere, gereifte Menschen dürfen das Privileg der Erfahrung und der Weisheit für sich reklamieren. Unter Weisheit verstehe ich eine auf Lebenserfahrung, Klugheit, Einsicht und innere Reife beruhende Gelassenheit im geistigen Sinn. Diese unterscheidet sich dadurch sowohl vom bloßen Wissen als auch von der Intelligenz.

In der Wirtschaft hat man diese Wahrheit lange Zeit ignoriert und deshalb nach und nach die älteren, erfahrenen Mitarbeiter in den Vorruhestand geschickt, bis man merkte, dass die Erfahrung der Älteren sehr fehlte.

Die Weisheit des Alters ist ein unergründlicher Schatz, auf den die Bibel bereits hinweist.

»Die Weisheit aber von oben her ist zuerst lauter, dann friedfertig, gütig, lässt sich etwas sagen, ist reich an Barmherzigkeit und guten Früchten, unparteiisch, ohne Heuchelei.« (Jak 3,17)

»Wer geduldig ist, der ist weise, wer aber ungeduldig ist, offenbart seine Torheit.« (Spr 14,29)

Die Weisheit wird in Bibeltexten aber auch relativiert:

»Niemand betrüge sich selbst. Wer unter euch meint, weise zu sein, der werde ein Narr, dass er weise werde.« (1 Kor 3,18)

»Es hat nie einen gegeben, der mit dem Lernen der Weisheit zu Ende gekommen wäre, und es wird nie einer kommen, der sie ergründen könnte. Denn ihr Sinn ist reicher als das Meer und ihr Rat tiefer als der große Abgrund.« (Sir 24,3)

Mit solcher Gelassenheit stehen wir über den Dingen und schreiten voran auf dem Weg zur Vollendung eines gelingenden Lebens.

Sprüche über gute Vorsätze (19):

»Morgen der zu werden, der du sein willst, klappt am besten, wenn du heute erst mal versuchst, der zu sein, der du sein kannst. «
Karl Heinz Karius, Mensch

OHNE VORSÄTZE SCHWINDET
UNSERE HOFFNUNG

....

»Wozu brauche ich im Alter noch Vorsätze?«, fragte mich ein Exerzitienteilnehmer im gesetzten Alter. »Ich bin mit mir im Reinen und habe alles, was ich brauche. Ich bin zufrieden.«

Ich stellte ihm eine Gegenfrage: »Haben Sie noch Ziele?«

»In meiner Jugend habe ich einmal das Geigenspiel erlernt, es später aber nicht mehr gepflegt. Ich frage mich manchmal, ob es mir nicht guttäte, wenn ich es wieder anfange. Ich weiß nur nicht, ob meine Finger dafür noch geeignet sind.«

»Probieren geht über Studieren«, riet ich ihm. Er solle erst in einem Einzelunterricht herausfinden, ob seine Finger noch gelenkig genug sind und ob ihm das Fiedeln überhaupt noch Spaß macht. Nach zwei Monaten erzählte er mir voller Freude, er könne wieder Solo-Partien von Mozart-Konzerten spielen und habe sich einem Kammerorchester angeschlossen.

Auch so kann ein Vorsatz aussehen, der nicht nur im Alter das Leben bereichert. Wir können in nahezu jeder Lebensphase etwas Neues beginnen oder scheinbar längst Verschüttetes wieder zum Blühen bringen. Jemand hat mit 72 Jahren noch gelernt, die Klarinette zu spielen. Das sei schon lange sein Traum gewesen, sagte er mir.

Gott hat uns mit so vielen Talenten beschenkt, dass ein Leben manchmal gar nicht ausreicht, sie alle zu entwickeln. In vielen von uns steckt eine künstlerische Begabung, eine musische Ader oder die Fähigkeit, Vorstellungen ins Bild zu setzen, zu malen oder zu zeichnen. Wir können diese Talente in Kursen wiederbeleben oder sogar weitergeben.

Viele können sich für die Kunst der Gartengestaltung begeistern. Wir pflegen gemeinsam einen kleinen japanischen Garten in unserer Klausur. An vielen Volkshochschulen werden Kurse im Blumenstecken oder Ikebana angeboten, auch bei uns im Kloster Sankt Ottilien. Das Wachstum von Pflanzen zu gestalten und mitzuerleben, das ist ein existenzielles Erlebnis.

Musik? Dazu brauchen Sie oft nicht einmal ein Instrument außer Ihrer Stimme. Warum singen Sie nicht in einem Chor mit und erleben dabei außer der Musik auch das Erlebnis der Gemeinschaft? Singen ist immer wieder ein elementares Erlebnis. Es kann Ihr Leben nicht nur bereichern, sondern sogar verlängern. Und der musikalische Genuss ist ohnehin unbezahlbar.

Sport ist für viele zum tragenden Lebensinhalt geworden. Individualsport, um möglichst fit zu bleiben, und Mannschaftssport wie Fußball und Handball, in dem wir nicht nur unseren Teil zu einer gemeinsamen Leistung einbringen können, sondern auch gewinnen und verlieren lernen können. Auch Sport ist eine Schule des Lebens.

Manche Sportarten, vor allem individuelle wie Gymnastik, Laufen und Radfahren, können wir ein Leben lang ausüben, manch andere wie Bergsteigen (nicht Bergwandern), Skifahren (nicht Skiwandern), Fußball oder Volleyball sollten wir besser vom Alter und unserer körperlichen Verfassung abhängig machen.

Selbst habe ich es mir seit über 50 Jahren zur Gewohnheit gemacht, den Tag, am besten gleich frühmorgens nach dem Aufstehen, mit einigen muskelkräftigenden und Bänder dehnenden Übungen zu beginnen. Diese zehn Minuten gönne ich mir, nicht nur, um den Kreislauf in Schwung zu bringen, sondern auch in dem Bewusstsein, dass jeder Muskel, der nicht täglich zumindest einmal richtig angespannt wird, zu verkümmern beginnt.

Und dann: Lesen Sie! In der Benediktsregel gibt es, gleichberechtigt zum täglichen »Ora et labora«, auch die Aufforderung: »Lege«, lies! Lesen ist für uns die dritte Dimension unseres Lebens. Deshalb ist die Bibliothek auch der Stolz eines jeden Klosters, und wir haben unseren Büchern ebenso kostbare Räume gewidmet wie dem gesprochenen Wort, der Musik und dem Gesang in unseren Kirchen.

Gute Vorsätze, in jeder Lebensphase? Eine Frage und viele Antworten und Möglichkeiten. Wir können unser Leben jeden Tag mit guten Vorsätzen bereichern.

Ohne Vorsätze aber beginnt unsere Hoffnung zu schwinden.

Bleiben Sie also Ihren Vorsätzen treu!

Das Schlusswort hat der Gelehrte und Humanist Erasmus von Rotterdam (1466-1536):

»Am Ende stellt sich die Frage: Was hast du aus deinem Leben gemacht? Was du dann wünscht, getan zu haben, das tue jetzt.«

Damit niemand sagen muss: »Beim nächsten Mal wird alles anders ...«

QUELLENHINWEIS

Wir danken allen Autoren, die uns Anregungen und Informationen für dieses Buch gegeben haben:

1. National Geographic Society, www.nationalgeographic.com. (Vom schnellen zum nachhaltigen Konsum).

2. BISS – Bürger in sozialen Schwierigkeiten, Stadtmagazin München (Was wir unseren Kindern schuldig sind).

3. Francesco Cirillo – The Pomodoro Technique. www.FrancescoCirillo.com. (Wie wir ein inneres Tempolimit finden).

4. Werner Tiki Küstenmacher, Organda Verlag für persönliche Weiterentwicklung. (Einfacher leben – Ballast abwerfen).

5. Idea Spektrum, Nachrichten und Meinungen aus der evangelischen Welt. www.ideaSpektrum.de. (Wir werden lernen müssen, zu teilen).

6. aa-kontakt@ anonyme-alkoholiker.de (Gemeinsam Ziele schneller erreichen).

Dank gilt auch den Archiven des SPIEGEL, der Süddeutschen Zeitung, der ZEIT, sowie der New York Times für ihre freundliche Unterstützung bei den Recherchen.

Für alle Lebensliebhaber bietet das Gütersloher Verlagshaus Durchblick, Sinn und Zuversicht. Wir verbinden die Freude am Leben mit der Vision einer neuen Welt.

UNSERE VISION
EINER NEUEN WELT

Die Welt, in der wir leben, verstehen.

Wir sehen Menschlichkeit als Basis des Miteinanders: Mitgefühl, Fürsorge und Beteiligung lassen niemanden verloren gehen. Wir stehen für gelingende Gemeinschaft statt individueller Glücksmaximierung auf Kosten anderer.

....

Wir leben in einer neugierigen Welt: Sie sucht ehrgeizig und mitfühlend Lösungen für die Fragen unseres Lebens und unserer Zukunft. Wir fragen nach neuem Wissen und drücken uns nicht vor unbequemen Wahrheiten – auch wenn sie uns etwas kosten.

....

Wir leben in einer Gesellschaft der offenen Arme: Toleranz und Vielfalt bereichern unser Leben. Wir wissen, wer wir sind und wofür wir stehen. Deshalb haben wir keine Angst vor unterschiedlichen Weltanschauungen.

Das Warum und Wofür unseres Lebens finden.

Erfahren, was uns im Leben trägt und erfreut.

**Wir helfen einander,
uns selber besser zu verstehen:**
Viele Menschen werden sich erst dann in ihrem Leben zuhause fühlen, wenn sie den eigenen Wesenskern entdecken – und Sinn in ihrem Leben finden.

....

Wir ermutigen Menschen, zu ihrer Lebensgeschichte zu stehen:
In den Stürmen des Alltags geben wir Halt und Orientierung. So können sich Menschen mit ihren Grenzen aussöhnen und zuversichtlich ihr Leben gestalten.

....

Wir haben den Mut, Vertrautes hinter uns zu lassen:
Neugierde ist die Triebfeder eines gelingenden Lebens. Wir wagen Neues, um reich an Erfahrung zu werden.

Wir glauben an die Vision des Christentums:
Die Seligpreisungen der Bergpredigt lassen uns nach einer neuen Welt streben, in der Vereinsamte Zuwendung, Vertriebene Zuflucht, Trauernde Trost finden – und Gerechtigkeit, Barmherzigkeit und Frieden herrschen.

....

Wir geben Menschen die Möglichkeit, den Glauben (neu) zu entdecken:
Persönliche Spiritualität gibt Kraft, spendet Trost und fördert die Achtung vor der Schöpfung sowie die Freude am Leben.

....

Wir stehen mit Respekt vor der Glaubenserfahrung anderer:
Wissen fördert Dialog und Verständnis, schützt vor Fundamentalismus und Hass. Wir wollen die Schätze anderer Religionen kennenlernen, verstehen und respektieren.

GÜTERSDIE
LOHERVISION
VERLAGSEINER
HAUSNEUENWELT

Bibliografische Information der Deutschen Nationalbibliothek

Die Deutsche Nationalbibliothek verzeichnet diese Publikation
in der Deutschen Nationalbibliografie; detaillierte bibliografische
Daten sind im Internet über https://portal.dnb.de abrufbar.

Druck | ID 12559-1708-1001

Verlagsgruppe Random House FSC® N001967

Umschlaggestaltung: Gute Botschafter GmbH, Haltern am See
Umschlagmotiv: © TAW4/Shutterstock
Druck und Bindung: Friedrich Pustet GmbH & Co. KG, Regensburg
Printed in Germany
ISBN 978-3-579-08545-6

www.gtvh.de